AU-DELA,
MON CŒUR PETILLE !

Du même auteur chez Books on Demand

L'encre des maux :
- Tome 1, d'elle à il, la complétude
- Tome 2, sortir du « jeu » de l'égo
- Tome 3, fin du moi, début du nous

Reiki Usui 1er degré – Shoden, enseignement pour les débutants

Reiki Usui 2ème degré – Okuden, enseignements cachés

Reiki Usui 3ème degré – Shinpinden, enseignements des mystères

Valérie Battaglia

AU-DELA,
MON CŒUR PETILLE !

© 2023, Valérie Battaglia
ISBN : 978-2-3225-0558-6
Edition : BoD – Books on Demand, info@bod.fr
Impression : BoD – Books on Demand, In de Tarpen 42,
Norderstedt (Allemagne)
Impression à la demande
Dépôt légal : novembre 2023

A Mallow pour son amour
et parce que ce livre a vu le jour grâce à elle
aussi...

Introduction

C'est grâce à mon fils, Pierre, que Mallow est entrée dans nos vies. Dans ma vie. Elle est née le 18 juillet 2012.

Quand Pierre m'a montrée sa photo, j'ai craqué. Comment résister à cette petite boule de poils gris tigré qui tenait tout juste dans sa main ! Elle est arrivée dans notre foyer… non pardon… nous sommes restés dans son foyer (ce n'est pas le chat qui vit chez nous, c'est nous qui vivons chez le chat !) vers la fin octobre 2012. J'avoue que la première fois que je l'ai vu, j'ai eu le trac me demandant si j'étais capable de m'occuper d'un chat.

Dès qu'elle est sortie de sa caisse, elle a filé sous le canapé. Elle y est restée 3 jours. Elle sortait pour manger et faire ses besoins (et peut-être aussi la nuit !). Elle était déjà « propre » et ça c'est top. Puis petit à petit elle a trouvé sa place. Elle faisait des bêtises de chatonne. Qu'est-ce qu'elle a pu me faire rire !!! Je me rappelle, quand elle jouait, elle retournait sous le canapé pour qu'on ne l'attrape pas mais un jour, ses hanches ne sont plus passées et avec ses pattes arrière, elle pédalait tentant l'impossible. Elle a dû se vexer car elle n'a plus jamais essayé… Bon, j'avoue aussi qu'en la voyant ramer pour y parvenir, je lui ai dit : « Eh bien voilà, tu prends tout dans les hanches !!! ». Et j'ai explosé de rire !!!

Avec son aide, je me suis guérie de l'allergie aux poils de chats. Six mois de guérison naturelle (Reiki et affirmation positive). Quand pour la 1re fois, je l'ai tenue tout contre moi et n'ai pas éternué, quelle joie ! Quel bonheur de la caresser, de lui faire des bisous, des crounch crounch sur le ventre…

Dire de Mallow qu'elle est juste un chat est très réducteur. C'est ma fifille, ma louloute, ma confidente, mon amie, parfois ma pire ennemie, ma thérapeute (la meilleure). Bref elle et moi (elle est moi ?) sommes très proches et nous échangeons sur tout et n'importe quoi. Elle est clairvoyante, audiante, sentante… (bref tous les « clair », oui tout l'éclaire).
Son prénom vient de chamallow.
Elle vit maintenant dans des dimensions que j'entrevois de temps en temps.
Ce qu'elle me dit, je le garde toujours comme un trésor. C'est précieux et j'en prends soin.
Aujourd'hui, je le partage avec vous.

Chat pitre 1
De la nouveauté dans ma vie

Quand je me suis réveillée ce matin-là, je savais... Je savais que tout était rentré dans l'ordre. Je sentais qu'à l'intérieur, c'était réparé. Une sensation de mieux-être. Je retrouve une belle énergie, la paix et le calme parce que plusieurs domaines de ma vie, qui ont été un peu sens dessus dessous pendant un moment, et surtout parce que je l'ai décidé, se règlent et m'apportent un petit plus. Ce petit plus est que tout n'était pas à jeter. Comme il m'arrive parfois d'être très dure avec ma propre personne et excessive, j'ai voulu mettre plein de choses de côté et derrière moi afin d'avancer. Et je me rends compte que dans cette envie d'amélioration, j'ai laissé de côté des idées et des personnes qui, à première vue, pouvaient avoir un impact négatif mais qui, avec le recul, m'ont apportée beaucoup de positif.

J'avais cette impression qu'il fallait que je refasse tout de a à z. Eh bien non ! Certaines situations peuvent être remises au goût du jour. Et c'est ce dont je m'aperçois.

Certains chemins empruntés dans le passé ne sont plus les bons. Et certains chemins laissés de côté ou derrière moi se présentent à nouveau. Comme si j'avais eu besoin d'un temps pour me réparer, savoir ce dont j'avais besoin. Il y a une partie de ma vie associée à ces chemins.

Je les avais laissés de côté car ils ne m'apportaient pas de résultat immédiat, l'impression que les autres n'allaient pas me suivre, la peur d'échouer et de ne pas y croire. Cela devenait lourd, déstabilisant. Alors je me disais que ce n'était pas pour moi. Et là, pouf ! Ca revient.

J'en discute avec Mallow. Au cours de notre conversation, elle m'apporte le message, la synchronicité dont j'ai besoin.

- J'ai envie de mettre de la nouveauté dans ma vie...
- Tu cherches midi à 14 h ! C'est déjà là ! La nouveauté est dans le passé. Prends quelques secondes et tourne ton regard vers le passé. Juste pour constater et valider tout ce que tu as vécu...
- Ok.

Je m'installe de manière confortable, ferme les yeux et « flash back ».

- C'est fait ?
- Oui !
- Parfait ! Aujourd'hui tu es bien sur tes appuis, tu as beaucoup appris. Surtout à faire preuve de patience (je t'ai aidée à ma façon pour t'apprendre la constance. Par exemple : quand je te demandais de sortir et que je miaulais devant la porte car tu ne

réagissais pas assez vite. Que je restais 3 plombes devant la porte ouverte. Que j'hésitais… et puis non, je décidais de rester à la maison !). Je m'égare... Où en étais-je ? Ah oui ! Tu comprends pourquoi cela n'a pas fonctionné dans le passé. C'est ce qui te permet de rattraper les choses et de repartir dans cette direction qui est tienne… Attends j'ai besoin de me lécher la patte !!

Et elle prend tout son temps. Vous voulez un cours du « ici et maintenant, je vis l'instant présent », regardez vivre un chat. Elle repose sa patte sur l'autre, y dépose son menton et reprend :
- Et tu peux y aller les yeux fermés. Avant tu ne pouvais marcher de belle manière sur ces chemins car tu n'étais pas encore tout à fait toi. Tu n'étais simplement pas en mesure de le faire. Certains projets sont restés malgré tout car c'est ta direction !

Ma démarche s'allège et s'assure. Le regard droit devant. Cette récupération d'idées se remet à grandir à l'intérieur de moi. Ca se précise. Une direction de plus en plus évidente. La certitude que la réponse est en moi. Une impression que les choses sont sur le point de se manifester. Je ne me l'explique pas. Cette fois c'est la bonne. Je me sens si bien dans tout ce que je fais. Je sais que je peux être confiante. C'est si évident. C'est intérieur. Je me laisse porter. Je sais…

Mallow capte mes pensées et mes ressentis :

- Oui tu peux y arriver. Tu es sur le bon chemin. Sois confiante. C'est ce qui te permet de tout changer dans ta façon de faire. Bien souvent tu as eu des ressentis et tu ne les as pas tous pris en compte. Combien de fois, t'ai-je entendu dire que tu regrettais de ne pas avoir écouté tes muses (comme tu les nommes !) !! Maintenant comprends-tu le sens de tout ce que tu vis ?

- Oui. J'ai compris que certaines de mes émotions n'étaient pas là pour me ralentir ou me faire du mal comme je le pensais au moment où je les vivais. Non, elles me montraient que dans certaines situations, il y avait des choses à revoir ou à améliorer ou à changer ou à réaliser afin de mieux vivre. Je réalise que ma paix intérieure est ma priorité : le tout bonheur, bien-être et épanouissement. Et si je ne trouve pas cela, je ne me forcerai pas.

- Oui c'est pour cela que tu sais que tu es sur le bon chemin et à ta juste place.

- Je ne ressens plus ni stress, ni angoisse, ni toute cette pression que je me mettais avant.

- Tu as laissé parfois des plumes de tes magnifiques ailes d'ange et même un peu de toi dans certaines situations. Tu es entière. Quand tu fais, tu fais. Et tu vois après...

- C'est vrai que certaines situations ont fait voler en éclat l'aspect relationnel de ma vie. Je n'avais plus la force, ni l'énergie et encore moins l'envie d'être entourée. Comme un trop-plein d'un côté qui faisait un trop vide de l'autre. Là je retrouve mon énergie et, dans la foulée, j'arrive à adoucir mes relations car ma vie s'apaise.

- Tu vas rencontrer de nouvelles personnes avec qui « ça va coller ». Tu peux souffler. Tes vibrations ont changé. Oui cela t'a pris du temps mais tu sors de cette période où tout était gris. Là c'est coloré. Tu fais des choses pour toi et tout change.

Chat pitre 2
Le mal-a-dit

Comme le dit mon amie Belle d'Ame : « Ce n'est pas une nouvelle version de toi qui vient de se produire, c'est carrément une désinstallation et l'installation d'un nouveau programme ». J'aime beaucoup ses métaphores informatiques.

En effet, je viens de traverser une sorte d'état grippal de courte durée et intense. De vous à moi, ce fut un très gros nettoyage. La réponse à la question de Belle d'Ame au « Comment-vas-tu ? » a été : « je viens de traverser l'enfer ! »

Cela a commencé un vendredi après-midi, veille du mariage d'amis. Alors que je les aidais à la préparation de la salle de réception, je me suis sentie très lasse. J'ai tenu tant que j'ai pu puis je suis rentrée vers 17 h. Les 30 mn de retour à la maison, m'ont semblée interminables. Tous mes gestes me demandaient un effort. Mes membres étaient lourds. Nous sommes fin juillet et même si les températures estivales ne sont pas caniculaires, je grelottais. En rentrant, je me suis mis en pyjama d'hiver (!) et direct sous la couette. Je tremblais de la tête aux pieds et mon corps faisait des micromouvements (vous savez ces mouvements nerveux quand on s'endort). J'avais l'impression d'un casque serré autour du crâne. Je ne peux pas parler de douleur. Comme une sensibilité accrue (le lendemain c'est descendu aux yeux et le surlendemain au niveau de la mâchoire de gauche). Et les larmes sont arrivées. J'ai pleuré comme une enfant. J'ai fini par téléphoner à ma Maman qui était chez sa meilleure amie pour l'apéro. Leur parler, entre deux sanglots et deux reniflades m'a fait du bien. J'ai raccroché et je me suis endormie pour 3 jours. Qu'est-ce que j'ai transpiré ! Les seuls moments où j'émergeai étaient pour aller aux toilettes, boire (j'ai beaucoup bu), manger des tomates cerises (c'est tout ce qui passait !), répondre à un appel par rapport au mariage (mariage auquel je n'ai pu assister, vous vous en doutez) et aux messages de ma Maman, inquiète. Je ne sais même pas comment j'ai fait. Quand j'y repense, je me fais l'effet d'être dans le brouillard. J'ai beaucoup rêvé. Je me souviens qu'à deux reprises, juste avant l'éveil, j'ai vu défilé à toute allure des images en noir et blanc. La seule dont je me souviens, c'est une scène de la 2ème guerre mondiale !! Des images de mes incarnations ou de vies sur d'autres lignes de temps ? C'est la première fois que cela m'arrive…

La semaine qui a suivie, j'ai reporté tous les rendez-vous et je me suis reposée. Comme j'étais coupée de mon quotidien, quelques modifications dans ma vie ont vu le jour. Rien de fulgurant. Plus que des modifications, ce sont des mises au point.

Mallow intervient :

- Cette étape était nécessaire. Tu vis une autre évolution. Imagine-toi comme un petit poisson qui se jette du haut d'une grande cascade. Tu as vécu la chute. Je comprends que cela n'a pas dû être agréable pour toi. Sache que nous étions autour de toi à veiller à ce que tout se passe au mieux. Tu ne pouvais le vivre de manière consciente car cela te dépasse. Alors le mal-a-dit est arrivé pour te plonger dans le sommeil et laisser place à l'inconscient.
Ce chapitre d'évolution a démarré quand tu as emménagé (février 2022) là où tu résides en ce moment (et où nous avons vécu ensemble les derniers mois de ma vie terrestre). Dans cette maison, tu vis une retraite. Comme un portail énergétique puissant.
Cette épreuve a permis d'ouvrir la porte aux changements. Cela faisait un moment qu'ils attendaient derrière ta porte.
Tous les schémas récurrents, les mêmes douleurs, les histoires répétitives, tout cela a été attisé pour que tu puisses vivre le changement. C'est en te reposant que tu peux télécharger tous les éléments dont tu as besoin pour aller vers ta libération intérieure. Et crois-moi, c'est quelque chose d'important pour toi.
- Merci pour ces précisions, ma Louloute. Tu parles de changement. Peux-tu me dire à quoi je dois m'attendre dans les semaines à venir ?

- Pendant longtemps, tu as été en mode survie. Tu craignais d'être jugée alors tu t'es battue et t'ai protégé.

Puis, tu as mis de côté le drame, les non-dits, la violence, l'agressivité passive, les amitiés conditionnées…

La même soupe t'a été servie une énième fois pour que tu puisses acter ce changement. Et comprendre que tu as le choix pour évoluer et devenir actrice de ta propre vie. Tu y repasseras autant de fois que nécessaire. L'ascension est comme une spirale. Au départ, la spirale est très très longue et au fur et à mesure que tu t'élèves la spirale devient de plus en plus petite car tu as de moins en moins de cristallisation. C'est pour cela que tu transmutes de plus en plus vite. Et c'est de plus en plus pure, comme un diamant aux mille facettes.

Continue tes rituels de vie, célèbre-toi, célèbre tes ancêtres. Continue d'ouvrir ton cœur. C'est pour cela que tu vis de telles émotions et une telle évolution depuis des années. La vie t'a purgée et elle continuera de le faire pour que tu aies la force de laisser ton cœur ouvert, de garder ton libre arbitre, ton pouvoir personnel et de t'aimer à la hauteur de qui tu es : une belle âme.

- C'est le chemin de l'amour universel n'est-ce pas ?
- Oui

- Et c'est ainsi que je peux répandre la lumière divine ?
- Oui. Vas en paix et en harmonie.

Chat pitre 3

A mes grandes-mères, à ma mère, à ma fille. A ma lignée de femmes. Avec tout mon amour…

- Parfois je doute ! Je perds confiance par des situations déstabilisantes
- Tu as déjà toutes les qualités pour faire ce que tu fais déjà. Tu les portes en toi. Comme tu le fais déjà, tu n'as pas conscience de l'importance de ce que tu accomplis. Fais confiance à ce que tu ressens ! Ne te laisse pas envahir par le doute ! Et en même temps, fais confiance au doute. J'y reviendrai plus tard ! Tu sais déjà utiliser ta boussole intérieure. Tu sais déjà utiliser ton intuition. N'imagine pas que tu as besoin de faire autrement. Reste qui tu es. Reste sur ta décision. Le doute est là pour te montrer si tu dois encore traverser une épreuve. Le chemin est tracé. Continue, ne te retourne pas.
- Parfois je ressens une forme de nostalgie. Je sais que je vais vers mon destin. J'ai besoin de me souvenir que j'œuvre avec la lumière depuis très longtemps et que cette lumière est en moi. Je sais que je sers un objectif plus grand que la situation qui se présente. Je porte en moi une connaissance, une sagesse profonde et ancienne.
- Rappelle-toi d'où tu viens, rappelle-toi qui tu es. Ton destin est de ramener la lumière sur Terre pour retrouver un certain art de vivre. Art de vivre qui

n'existe plus sur Terre. Toute cette connaissance et cette sagesse est à mettre au service de la Terre.

- Oui mais je ressens comme un décalage par rapport à la société actuelle.

- Tu es une très vieille âme. Tu es venue en artisan de lumière pour aider d'autres personnes. Tu sais que cette lumière est en toi. Peu importe ce qu'il se passe, peu importe les personnes qui seront sur ton chemin. Passe au-dessus des croques en jambes que certains tenteront de te faire. Ce que tu ressens en toi, mets-le en place dans ton quotidien. Laisse-toi guider par la lumière.

Tu as engrangé, incarnation après incarnation, beaucoup de compréhension, beaucoup de sagesse, beaucoup de connaissances. Le voyage qui t'attend c'est le voyage de ta vie. Il y a un chemin qui est là, devant toi. Tu le vois, tu le sens. Ce chemin te ramène dans un ancien passé que tu as déjà vécu.

Tu es dans tes dernières incarnations de ton âme sur Terre. Donc tu es en mesure de manifester ce paradis d'avant que tu as déjà rencontré. Tu as la capacité de le mettre en application et de le manifester dans ta vie actuelle. De très beaux projets sont en cours. C'est très beau et très pur.

Tu es arrivée à cet équilibre dans tes polarités et tu peux manifester cette pleine affirmation de toi. Tu as vécu plusieurs régénérations. Tu ne peux plus te cacher. La vie t'invite à déployer cet amour inconditionnel que tu as développé pour toi. Tu es prête à transmettre à d'autres personnes. Montre au grand jour ton expérience et ta maturité.

Reconnais ton parcours : tout ce que tu as accompli en tant que femme, mère, initiatrice… Apporte-toi de la gratitude et sois en gratitude pour ta lignée de femmes de t'avoir mis au monde. C'est grâce à elles que tu peux libérer ton pouvoir de femme. Et elles sont en gratitude car elles savent que sur le plan émotionnel ce n'est pas évident ce que tu as vécu. Elles te disent merci d'avoir le courage de traverser tous ces défis. Elles sont fières de toi. Pardonne-toi, pardonne l'autre.

- Merci à ma lignée de femmes. Merci d'être là. Merci d'avoir répondu à mon appel. Merci de manifester la prêtresse en moi. La femme médecine. La femme guérisseuse. La savante.
- C'est le chemin de ton âme et c'est le plan divin. Tu vas te réunir avec d'autres personnes comme toi pour manifester sur Terre quelque chose qui est prévu depuis longtemps.
- Je le ressens au niveau du cœur. J'ai beaucoup d'émotions.
- Ce grand rassemblement a lieu maintenant. Le rendez-vous c'est maintenant. Si tu te sens appelée à manifester quelque chose que tu n'as jamais fait dans ta vie c'est que cela ne pouvait pas se faire avant.

- Je le sens. Tout arrive en même temps. J'ai eu de gros défis de vie.
- Tout cela était pour réveiller qui tu es. Fais confiance aux doutes.
- Faire confiance aux doutes ?
- Oui tu as toujours ressenti cet appel et tu ne savais pas quoi. C'est peut-être difficile à croire, mais c'est maintenant. La société t'a mis dans le doute de qui tu es. Ta lignée de femmes te dit : « Tu es venue pour l'éveil ».
- Les nouvelles vibrations que je suis en train d'intégrer sont-elles là pour répondre à cet appel et être au rendez-vous ?
- Oui
- Je ressens cet appel et en même temps, je me dis que je rêve, que je me fais des idées. Les peurs remontent...
- Respire... prends de la hauteur pour garder ton calme et répondre à cet appel de la manière qui te correspond et que ce soit juste.
- C'est ce que j'attends depuis si longtemps...
- La vie te comble en abondance. Tu es bénie. Tu vis des miracles.
- J'ai conscience du cadeau qu'est la vie. J'ai pleinement conscience du « je suis ».
- Prends-tu la pleine mesure de ton incarnation sur Terre ? Regarde comme ta vie te semblait petite, regarde tout le chemin parcouru et regarde à quel point tu es grande. Tu en es arrivée là car tu as fait

confiance à ton intuition et tu t'es fait confiance. Tu es capable d'appeler l'aide du divin. Et les choses se manifestent vite dans ta vie car tu es alignée. La vie subvient toujours à tes besoins.

- Oui je prends conscience de tout cela. Ma vision a changé. De l'impression d'être toute petite, je me suis déployée. J'ai grandi. Je réalise l'ampleur du parcours depuis ma naissance. Je prends conscience d'où je viens, de tout ce que j'ai mis en place dans ma vie, de cette sagesse par toutes les informations transmises ses dernières années. Difficile de garder la tête froide quand on prend conscience de toutes ces révélations et de sa valeur !

- Bravo ! Félicitations ! Ta lignée de femmes t'attendait ! Tu es à l'heure ! Prends de l'altitude. Utilise le silence pour revenir en toi chaque fois que tes pensées partent dans tous les sens. Ton chemin est lumineux car c'est le chemin que ton âme a choisi. Tu fais partie de ses personnes éveillées pour transmettre la lumière sur Terre. Transmets qui tu es dans ta vérité. Tu es dans une extrême simplicité car tu connais le coût au quotidien de cette pureté en toi et en même temps tu peux être fière d'être devenue souveraine en ton royaume par ton cheminement personnel.

Laisse-toi guider par l'appel…

Chat pitre 4
Quand sonne le glas !

Je me suis trop souvent sentie illégitime face aux autres, à la famille, aux amis, à mon métier... Comme j'ai vécu un drame intra-utérin d'une matrice mortifère et du transgénérationnel maternel, j'ai eu beaucoup de difficulté pour accéder à ma liberté. J'ai eu besoin de me battre pour exister. J'ai eu besoin de me battre pour me positionner. J'ai eu besoin de me battre pour me sentir légitime. J'ai souvent dû batailler trois fois plus que les autres pour me sentir valable, pour exister et sentir que « je le vaux bien ».

Mallow me regarde avec ses yeux doux. Elle est en train de faire sa toilette. Mais rien ne lui échappe que ce soient mes pensées, mes attitudes, mes mots, mes silences... La moindre inflexion de voix, le moindre sourcillement, elle capte tout !

- Attends, je me passe encore trois ou quatre fois, peut-être dix, la patte derrière l'oreille et je te donne mon ressenti... voilà, c'est fait !

C'est en prenant conscience de tout cela que tu as fleuri, appris à t'honorer, à renaître à toi-même, à te célébrer et être heureuse telle que tu es sans avoir à prouver à quiconque que tu existes, que tu le vaux bien. Tu es parfaite telle que tu es. Tu n'as plus besoin de te travestir, te déguiser ou faire semblant. Tu es belle avec tes failles. J'ai même

envie de te dire que tu es belle car tu as des failles !!
C'est ce qui te rend humaine. Tout a un sens. Ce que
tu as vécu, ce que tu vis et ce que tu vivras est en
lien avec la lumière en toi. C'est en continuant à
mettre de la lumière sur ce qui est voilé que tu en
ressors gagnante. A chaque fois que sonne le glas,
cela réveille une blessure inconsciente. Et même si
c'est violent, traumatique, cela te permet d'évoluer
et d'en arriver là où tu es aujourd'hui.

- Certes ! Mais toujours se battre est épuisant ! Bien
sûr, j'ai des trêves et l'Univers continue de m'offrir
de très beaux cadeaux. Parfois, j'aimerais un peu de
facilité dans les choses de la vie.

- Pour accéder à l'abondance dans tous les domaines
de ta vie, il est nécessaire de l'exprimer afin de
montrer au monde toute la profondeur que tu as
en toi, toute ta richesse et d'honorer ta voix. Il y a
encore un peu de colère contenue en toi. Tout crie
dans ton corps : « Je veux exister pour qui je suis, je
veux m'accepter, je veux être belle aussi bien à
l'intérieur qu'à l'extérieur »

- Qu'est-ce qui peut m'aider ?

- Pour accéder à ta nouvelle vie, mets de la lumière
sur ce que je viens de te dire. Un pas après l'autre.
Equilibre-toi. Rends-toi justice. Il est important de
braver les peurs et d'aller trouver la vérité afin de
te libérer de cet aspect transgénérationnel qui se
noue et se renoue au niveau de ta gorge. Accueille
qui tu es. Cela te rendra plus forte. Tes ancêtres

sont avec toi. Il y a tellement de non-dits, de secrets, tellement de choses abimées. Mets de la lumière sur tout cela. C'est ta mission afin que tu puisses t'exprimer et trouver ta propre voie.

« Tournez la page... moi j'aime bien en faire 6 ou 7 avant de me coucher... » (Waze)

Chat pitre 5
Mets à mort et ose

Je suis dans une période de transformation profonde et totale. C'est un changement important car il fait suite à une intense métamorphose sur plusieurs années. Je suis à la fois la même avec ce sentiment d'être différente. Je dis souvent que lorsqu'on évolue, le fond de tarte (le socle) reste le même, ce sont les ingrédients et/ou le dosage des ingrédients qui se modifient. Là je ressens que même le fond de tarte est modifié, transformé. Je découvre une autre moi.

-   Cette personne, que tu crois différente, est le vrai toi qui émane. Ton essence pure. Ton essence primordiale. Ta n'essence. Tu as pu, grâce à tout un passé et des expériences, transformer, modifier et éliminer des schémas de pensées et de croyances limitantes. Tu peux voir la vie de manière plus posée. Ta métamorphose t'a appris la sérénité intérieur (et peu importe ce qu'il se passe à l'extérieur). Cette capacité de pouvoir revenir à l'intérieur de toi et de te poser avant de prendre des décisions. Tu te détaches des choses. Tu as quitté un manteau, une personnalité qui n'était pas toi mais que tu as construite au fur et à mesure des situations de vie pour pouvoir te protéger. C'est de toi dont tu as une nouvelle vision et c'est cette nouvelle vision qui te permet d'être en connexion, en harmonie avec ton instinct. Ouvre-toi à la sensualité. Ouvre-toi à la joie d'être une femme.

- Je me suis donc reconnectée à mon inconscient ?
- Tu t'es reconnectée de manière totale à tes instincts. Ce qui fait de toi l'être que tu es dans ta vérité et la personne que tu es venue incarnée sur Terre. Tu as trouvé l'équilibre entre ton humanité et ton être le plus instinctif. Tu connais à présent mieux tes dons. D'ailleurs, je te rappelle, en passant, qu'il t'est demandé de mettre ces dons au profit du plus grand nombre... Fais-toi entendre !

Je me mets à rire. J'adore quand Mallow ironise.

- J'ironise, soit ! Mais c'est dit !

Elle me regarde de ses yeux perçants. Que je l'aime. Et elle le sait. Elle n'en abuse pas.

- As-tu constaté que ce que tu ressens se matérialise de plus en plus vite dans ta vie ?
- Ooooh oui ! Je suis d'autant plus vigilante sur mes demandes, mes pensées, mes mots, mes ressentis...
- Et c'est très bien. Et cela va encore s'accélérer. La notion de karma n'existe plus pour toi.
- Pourtant, je suis encore hésitante sur certains projets. Parfois j'ai l'impression qu'il me manque

des compétences, du matériel… et cela me ramène à la notion de légitimité…

- Comme tes pensées et tes prières du cœur se manifestent de manière automatique et comme tu es revenue à qui tu es dans ta vérité, tu peux manifester tes projets. Alors demande ! Fais-toi aider ! L'Univers t'aide et t'aidera encore plus que tout ce que tu peux imaginer ! Ton âme inspire la direction et c'est toi qui dessines ton chemin.

- J'ai conscience que c'est moi qui manifeste la chance. Mon essence originelle me permet de connaître mes véritables besoins et sentiments. J'ai compris où veut m'emmener la vie.

- Ecoute ta conscience. Tu es très proche de qui tu es pour de vrai.

Chat pitre 6
Je me choisis

Il m'arrive parfois de vouloir rentrer à la maison. Non que je sois suicidaire. La famille que j'ai laissée lors de cette incarnation me manque. Même si je sais que certains d'entre eux sont incarnés sur Terre, parfois c'est très dur. Dans mes moments les plus sombres, j'ai demandé à mes guides de me rappeler et à chaque fois, il m'a été répondu : « Ce n'est pas encore le moment. Ta mission n'est pas terminée ».

- Prends ton temps. La libération est parfois difficile car elle te demande de dévoiler ta vulnérabilité. Vas-y petit à petit. Sois à ton écoute. Tu as fait un magnifique chemin. L'heure est à l'ouverture, la révélation, l'épanouissement. Ne renie pas ton essence d'âme et laisse ton enfant intérieur s'exprimer.

- Si je comprends bien, je n'ai pas d'autre choix que de m'ouvrir, de m'épanouir ?

- Je n'ai pas à te dire ce qu'il est important que tu fasses. Tu as ton libre-arbitre. Avec tout le chemin parcouru, vas-tu oser le manifester pour que cela fasse sens dans ta vie ? Ou vas-tu le refuser car cela te fait peur ?

- Je me choisis. J'ose. J'accepte cette mort symbolique.

\- Les transitions, parce qu'elles sont très souvent difficiles, demandent d'y aller en douceur et avec lenteur. Tout est là pour que tu puisses t'épanouir. Tout est prêt. Vas-y à ton rythme. Et donne à l'Univers ce qui te pèse.

Chat pitre 7
La surprise

J'ai une vision beaucoup plus claire du chemin que je parcours. Je prends conscience que le chemin est dégagé de tout obstacle. Obstacles qui, auparavant, m'empêchaient d'avancer. Ma perception de la réalité était déformée. La façon de me voir m'empêchait de réaliser l'évolution et le chemin déjà parcourus. Malgré le fait d'avoir était dans le brouillard, j'ai continué d'avancer. Je suis restée concentrée sur mes rêves et mes objectifs.

Ma Louloute et moi étions allongées sur le lit en position « sieste ». J'aime quand nous nous retrouvons toutes les deux pour dormir. Et tout à coup, comme sortie de nulle part, voilà ce qu'elle me dit :

- Tu ne le sais pas encore mais tu es sur le point d'obtenir ce que tu désires plus que tout.

Je regarde Mallow en soulevant les sourcils, les yeux écarquillées. L'air très étonné.

- Vraiment ?
- Oui oui !
- Bon, à quoi dois-je m'attendre ? Le chemin va-t-il être compliqué ? Quels obstacles vais-je encore rencontrer sur ma route ? Je suis prête à toute

éventualité. Quel que soit ce qu'il se passe, je trouverai le moyen de m'en sortir.

- Tu te prépares au pire ?
- En quelque sorte.
- Le pire n'aura pas lieu. Ce que tu as traversé avant était le pire ! Ce qui arrive sera beaucoup mieux que ce que tu peux imaginer. Le plus dure est derrière toi. Tu arrives à destination.
- Je m'attends encore à avoir des mois et des mois à attendre, à une succession d'évènements complexes avant d'atteindre mes objectifs.
- Pas du tout !
- Au fil des jours, des semaines et des années, je me suis forgée un mental qui fait que j'ai l'habitude de voir les choses prendre du temps avant de se mettre en place. J'ai l'habitude de tout le temps batailler avant d'obtenir ce que je désire. Alors, tu sais, je n'ai pas grand espoir de voir la dynamique changer. Je ne m'attends pas à ce que l'on me facilite la route…
- Et pourtant… « Obstacle » n'existe plus. Tu as toi-même dégagé la route. Tu as toi-même fait le nécessaire pour faire sauter les blocages mais pour le moment tu l'ignores. Ta vie est en train de changer, de s'améliorer mais tu n'es pas encore au courant. Tu n'as pas conscience de l'impact que tes mots et les actions posées vont avoir. Cela va te permettre de réaliser ton potentiel et à quel point

tu es capable d'attirer à toi ce que tu désires. Tu as suivi une idée. C'est le pas qu'il fallait faire.

- C'est vrai. Je me suis dit : « Je vais le faire et on verra bien. Peut-être. On ne sait jamais ».
- C'est en restant brancher sur cette fréquence qu'aujourd'hui, tu fais un pas de géante. Continue à te laisser guider par ce qu'il y a à l'intérieur de toi. Quand on est maître de ses pensées, cela peut tout changer. Quand on sait où l'on va, on obtient plus rapidement ce que l'on désire. Tu savais ce que tu voulais voir se réaliser et tu as fait le nécessaire pour y arriver. Tu n'as pas gaspillé ton énergie, tu n'as pas fait les choses dans le vent : tu récoltes ce que tu as semé. Tout simplement. Laisse-toi surprendre ! Et commence à profiter de la vie !

Chat pitre 8
Les fondations

Je suis en cours de quelque chose. Je ne sais quoi. Je le sens au fond de moi. Je vis comme un pas sage. Je suis à un moment de ma vie où je m'unifie petit à petit. Cela prend du temps. C'est normal. Une cocréation entre ce qui est plus grand que moi et moi. C'est une guérison interne. Je suis en retrait du monde pour aller au fond de moi afin de trouver la solution, la lumière, l'inspiration. Je suis dans ma propre matrice dans laquelle je me guéris afin d'être bien. Je prends du recul et du temps pour être dans le plein accueil de ce que je vis.

- Cette phase que tu es en train de vivre est la fondation de ce qui va suivre. C'est une vraie révolution intérieure.
- Ce que je vis est donc fondateur pour moi ?
- Oui, pour aller plus haut, plus loin. Plus tu restes ancrée, plus tu t'élèves.
- J'ai l'impression de perdre certains de mes repères. Parfois je ne sais plus trop qui je suis. Pas au point de me dire que je deviens folle mais pas loin !!
- C'est tout à fait naturel puisque tu bâtis tes propres fondations. Contacte ta sagesse

interne et tes guides. Ils ont toujours été là. Ils savent ce que tu traverses. C'est ainsi que tu vas gagner au niveau vibratoire et en sagesse. Tu vas accéder à ce monde très beau et très riche que tu as en toi et qui t'appartient. Tu es différente des autres. Tu es originale, tu as une pensée unique, tu as ta propre façon de voir les choses, tes propres couleurs. Tu es magique. Tu souris et le monde est à tes pieds.

Permets-toi de montrer qui tu es à l'intérieur de toi : ta sensibilité, ton empathie, tout ce côté magique que tu peux avoir. Tu es une fée. Tu as un côté très éthéré et cela fait partie de toi. Tu fais le lien entre le visible et l'invisible. Tu es un être divin et vivant. Le spirituel avec la matière. C'est un tout. Tu as épousé les deux. Tu es magique. Je t'aime l'Enchanteresse (tu chantes très bien d'ailleurs). Fais l'amour à la Vie.

- Je t'aime aussi ma Mallow. Tu es Divine. Merci d'être.

« Les personnes qui aiment les chats s'appellent des ailurophiles ! Et celles qui ne les aiment pas s'appellent... ? Non ! Je rigole... ça n'existe pas !!! » (Waze)

Chat pitre 9
La réparation

Une blessure de l'enfance au niveau du cœur est en train de se réparer. Très longtemps, je ne me suis pas sentie assez bien, assez aimée. Tout au long de ma vie, j'ai beaucoup donné dans l'espoir de recevoir à la hauteur de ce que j'attendais. Espoir souvent vain. Et parfois, j'ai fait pire que mieux ! A trop donner, j'ai étouffé l'autre et il finissait par s'échapper. Et à trop attendre un retour qui n'arrivait pas, j'ai été déçue.

J'apprends à gérer cette blessure afin d'en guérir.

- Garde la puissance de ta foi dans ce processus de guérison. Tu es bien plus affectée que tu ne le crois et que tu ne le montres. En guérissant de ce manque d'amour que tu as pu ressentir tout au long de ta vie, le donner et le recevoir s'équilibrent. En guérissant cette blessure tu as retrouvé ta tribu, ta famille d'âme. Celle qui te comprend, qui comprend ton évolution, ce par quoi tu es passée et qui ne juge pas et te soutient, t'écoute, qui fait preuve d'empathie, de bienveillance. En retrouvant ta tribu, tu as trouvé la paix. Cette paix est en lien avec le cœur. C'est léger. Cela te permet d'ascensionner et d'aller vers un nouveau chapitre de ta vie. Et ainsi l'équilibre est rétabli. Tes énergies s'harmonisent. Il y a tant d'amour autour de toi.
- L'amour c'est toi, ma Chatounette belle belle !!

Chat pitre 10
De cœur à cœur

La trahison revient sous forme de schémas répétitifs comme autant de piqûres de rappel afin que je puisse reprendre mon pouvoir personnel et accepter ma vulnérabilité.

- La vulnérabilité est ta force. Tu es une humaine très sensible. Quand on t'attaque, tu deviens comme un hérisson. Tu contre-attaques en retour avec des piques. Et tu sais avec exactitude où frapper. Et je ne parle pas de tes joutes verbales ! Tu sais manier l'épée et le verbe... C'est ainsi que tu t'es construite. Néanmoins ton cœur continue de saigner car en faisant cela, tu réouvres à chaque fois la blessure.

- Comment faire pour que cela ne se reproduise plus ? Que ce soient les schémas répétitifs et par ricochet, la réouverture de la blessure ?

- Oh c'est très simple et très compliqué à la fois. Tu connais sa notion et tu l'as même expérimenté de belle manière à plusieurs reprises : le part don. Reprends ta part et don(ne) à l'autre la sienne. Cela devient nécessaire. Enfant, on t'a souvent culpabilisée. Pardonne-toi cette culpabilité. Elle ne t'appartient pas. Tu as cristallisé beaucoup de blessures en ton cœur. Chaque cellule de ton corps engramme des informations qui t'appartiennent. Mais aussi des informations qui appartiennent à tes ancêtres.

- Oui, en médecine chinoise on remonte jusqu'à 4 générations. Ca en fait du monde !!! Un potentiel de mémoires cellulaires de 30 personnes !!!
- Il y a un dialogue cellulaire constant. Et que tu le veuilles ou non, il y a un dialogue constant entre toi et tes 2 lignées. Ton âme a accepté de rencontrer cette blessure afin d'expérimenter dans ta chair cette souffrance. Non pour t'y baigner mais pour, et je le répète, reprendre ton pouvoir personnel et ainsi libérer le transgénérationnel. C'est la raison pour laquelle tu as subi tant d'humiliations, de mensonges et de trahisons, donc de rejet. Et en rejetant l'autre aussi en envoyant des piques tel le hérisson. Et aussi en te piquant toi-même !!
- J'intègre ce que tu me dis. Mon égo ne veut pas lâcher. Il ne souhaite pas part-donner.
- Apporte-toi de l'amour. Cela demande beaucoup de courage d'aller au centre de son cœur. D'avoir le courage de s'aimer. D'avoir le courage de se choisir.
- Je suis émue par ce que tu dis. Il y a tant d'amalgame entre l'égoïsme et se choisir. Tellement de culpabilité. Certains m'ont condamnée car ils ont l'habitude que l'on se sacrifie pour eux.
- Tu n'es pas là pour te sacrifier. Ca tu l'as compris. Tu es là pour libérer tes deux lignées. Tu en es capable. Cela dépend aussi de ton libre arbitre. Cela passe par du nettoyage, par les larmes aussi. Ne te perds pas dans la confusion de la culpabilité qui enferme. Tu as œuvré plusieurs fois dans tes vies antérieures

pour travailler sur l'inconscient collectif qui porte l'humain. Chaque individu a endossé dans son fardeau émotionnel la culpabilité. Tu portes encore aujourd'hui cet impact vécu lors de tes vies antérieures. C'est l'une des raisons pour lesquelles tu as décidé d'entrer dans cette famille qui t'a fait porter ce fardeau. Fardeau qui n'est pas le tien. C'est une énorme trahison pour toi. Alchimise une bonne fois pour toute cette transformation dont tu as besoin afin de guérir les individus que tu vas rencontrer en les allégeant de ce poids qu'est la culpabilité, porté par tout l'inconscient collectif. Tu as la capacité de mettre de la lumière sur l'ombre que les autres projettent. Et cela demande du cœur. Cela demande de se choisir.

- Je ne sais si j'aurais ce courage. Vais-je avoir les ressources nécessaires ?

- Ah ne te place pas dans le manque !! Tu connais la loi d'attraction : tu attires ce que tu vibres ! L'Univers pourvoit à tous tes besoins. Autorise-toi à vivre ! Si tu restes dans le « mais si, mais si, mais si », tu ne fais rien et tu restes dans l'état de manque. Et le manque attire quoi ?

- Le manque !

- Sors de cette croyance limitante. Œuvre sur ces deux pôles, le pardon et la culpabilité, et tu honoreras ce pour quoi tu t'es incarnée dans cette vie sur Terre. Il y a aussi un lien avec ta propre valeur : quelle valeur te portes-tu au sein de ta famille ?

Chat pitre 11
Message de Mallow

« Toi et moi, nous sommes unies comme les doigts de la main. Et ce n'est pas seulement dans le sens de l'aspect fusionnel. Il y a une fluidité entre nous. Je suis dans ta vie pour que nous créions ensemble. Je suis un de tes guides. Nous avons deux énergies en parallèle qui se rejoignent et ascensionnent. Je te permets d'être dans l'ici et maintenant juste en m'observant. Je t'aide à trouver de la rondeur en toi. Ce côté assertif en toi.

La raison pour laquelle je suis arrivée dans ta vie est pour être ta compagne de route afin que tu puisses reprendre ton pouvoir personnel, avoir accès aux dons que tu as et honorer qui tu es. Et pour cela il était nécessaire d'aller dans ton leadership. Et je suis là pour ça car tu résistes beaucoup ! La vie est un cycle et naviguer d'un cycle à un autre, il est nécessaire de fermer le chapitre. Ose mourir à toi-même afin de renaître ! Parfois l'humain a besoin de sa zone de confort pour sauter car oui cela demande du courage ! Oui cela demande de l'énergie ! Oui tu ne sais ce qu'il va se passer ! Fais-toi confiance. Tu l'as fait tant de fois et c'est le bon moment.

Dans cette vie tu es mise face à une grande peur et bien souvent tu t'arrêtes avant que le miracle ne s'accomplisse.

Tu as une grande sagesse et de la profondeur, beaucoup de connaissances et tu ne crains pas d'honorer les plans divins. C'est pourquoi nous cocréons de belle manière ensemble afin que tu continues de guérir, d'accompagner, d'envoyer de belles énergies et d'honorer la Terre. Mais garde en mémoire qu'il est important que tu jouisses de la vie. Tu n'es pas là juste pour « travailler », sauver, accompagner. Tu as besoin de rire, d'être avec ta tribu, de l'amour d'un homme... Tu es en train, encore une fois, de te sacrifier. Tu œuvres et tu donnes tant. Il est temps que tu récoltes.

Reviens dans l'instant présent afin que puisse souffler un vent nouveau pour toi. Afin que tu puisses rencontrer des personnes importantes.

Ce n'est pas la première fois que nous nous rencontrons. Dès que je le peux, je te rejoins dans tes vies. Alors, à bientôt ♥ »

Chat pitre 12
« Tout flatteur vit aux dépens de celui qui l'écoute »

Il y a, pour certains domaines de ma vie, un manque de confiance en moi qui fait que je m'attache parfois aux paroles des autres. Comme si j'essayais de reprendre confiance en moi en donnant de l'importance à certains mots, à certaines conversations, et qui me permet d'avoir ce reboost de confiance puisque cela me flatte.

- Quelquefois, tu as tendance à faire trop confiance à la flatterie. Cela fausse la relation à l'autre et la déséquilibre. Sois vigilante par rapport à cela. D'autant plus que tu n'en as pas besoin puisque que tout est déjà là. Tu n'as pas besoin d'être rassurée par les autres puisque tu détiens déjà toutes les réponses en toi. Surprends-toi lors de conversations d'avoir l'attitude de : « Oh donne-moi les mots que je veux pour relever mon estime ».

- Okkkkkkkkkkk... Loin de moi l'idée de me déresponsabiliser, juste que c'est inconscient, n'est-ce pas ?

- Certes ! Maintenant tu sais. Donc lors d'une prochaine conversation, pose ta conscience dessus ! Surprends-toi ! Ce dont tu ne te rends pas compte, surtout, c'est ta puissance. Tu as beaucoup de pouvoir (je précise : le pouvoir de et non le pouvoir sur !!). Il est temps de le conscientiser afin de te permettre d'asseoir ton pouvoir. Et tu n'as pas besoin des autres pour cela. Relève-toi toute seule. Tu l'as fait tant de fois.

Le portail est à ta portée. Il est accessible. Et toi, tu le regardes de loin comme si c'était inaccessible !! La flatterie cache la vérité. Alors que ton but est la connaissance du Soi et de ce qui est caché.

« Les chats peuvent émettre jusqu'à 100 sons différents, contre seulement 10 pour les chiens ! A moins de s'appeler Victor Hugo, que peut-on faire avec 10 mots ?!?! » (Waze)

Chat pitre 13
Renoncer vs abandonner

- Je me pose la question : aurais-je tendance à confondre renoncer et abandonner ?
- L'abandon est souvent accompagné de culpabilité. Là où le fait de renoncer est du lâcher-prise.
- Je vis comme un échec le fait de renoncer. Parfois je m'investis tant que si je renonce, cela veut dire que tout ce que j'ai fait est gâché… gaspillé.
- C'est ok d'abandonner. Et c'est ok de renoncer. Que ce soit sur des projets qui te tiennent à cœur (et quel que soit le domaine : relationnel, professionnel, matériel…). Cesse de le vivre comme un échec. Lâche du lest. Laisse partir ce qui doit partir.
- C'est de l'orgueil mal placé ?
- Oui car au lieu de lâcher quelque chose qui t'est néfaste, tu vas t'y accrocher. Pour prouver quoi ? Que tu peux y arriver ? Et à qui ? A quel moment te mens-tu à toi-même ? Quand tu restes attacher à certaines choses ou personnes, le fais-tu pour de bonnes raisons ? Persistes-tu dans certaines voies qui te font souffrir ? Qui finalement t'apportent plus de négatif que de positif ? Dans ce cas, de gré ou de force, quand tu t'apercevras que dans la balance il y a plus de négatif que de positif, tu renonceras. Et puis, parfois, on ne veut pas lâcher car il nous est difficile d'entendre le fameux « je

t'avais prévenue » très égotique de l'ami bienveillant !

- Si j'ai bien compris : renoncer est sagesse et apporte le repos de l'esprit ? Renoncer est victoire. Ce n'est pas perdre une bataille car ces batailles sont imaginaires.
- C'est toi qui le dis !

Chat pitre 14
La pensée de l'autre

- Quoi qu'il arrive tu maintiens ton cap. Quoi qu'il arrive tu gravis la montagne malgré toutes les difficultés et les épreuves de la vie. Tu fais preuve de courage, tu y vas. Sois vigilante, des personnes t'envient mais ne le diront jamais, peut-être par fierté. Et beaucoup ne se sentent pas capables de faire ce que tu fais (maintenir le cap, gravir la montagne et tout le reste). Et ces personnes se demandent : « Mais comment fait-elle pour conserver sa ligne de conduite et ne pas y déroger ? Tu assumes tes responsabilités et qui tu es. Tu as une grande honnêteté envers toi. Et une très belle intuition. Tu ne te fais pas mousser pour montrer ton importance, pour montrer tous les efforts que tu fais. Et les autres le ressentent. Tu parais tellement tellement stable que tu donnes l'impression que rien ne t'ébranle. Et même quand tu vacilles, tu n'en parles pas sauf avec les personnes en qui tu as grande confiance. Tu sais choisir tes amis. Tu ne laisses pas entrer n'importe qui dans ta vie. Et les gens envieux sont surtout ceux qui n'arrivent pas à capter ton temple intérieur et qui sont très curieux. Tu sais mettre un terme à une relation quand tu ressens de l'ambivalence chez l'autre. Même avec des amitiés de longue date. Quand tu ressens du non-juste, que ce soit dans les dires ou le comportement de l'autre, tu laisses la vie faire son œuvre. Et à chaque fois, une situation se présente pour te confirmer que ton intuition est juste. Tu es libre. Et cela questionne beaucoup les gens autour de toi : « Mais comment fait-elle pour être libre ? Aussi dénouer de tout devoir, de toute obligation, de toute injonction ? ». Tu donnes l'impression d'être très secrète, inatteignable, inapprochable, inattaquable. Tu as mis au-dessus de tout ta liberté. Pour toi la liberté est très importante. C'est ce à quoi tu aspires depuis toujours.

Ce que ces personnes ressentent aussi (de manière inconsciente pour la grande majorité) c'est que tu es guidée. Quelque chose de magique (l'âme agit) en toi dans ta façon d'être et de penser. Qu'il y a quelque chose de plus grand que toi, de plus grand qu'eux.

Tu as tant travaillé sur toi avec courage, volonté, abnégation que tu as beaucoup de bénédictions dans ta vie. Tu le mérites amplement. Surtout ne culpabilise pas. J'ai été aux premières loges et j'ai assisté à tout ce que tu as fait. Tu as travaillé si dur, qu'aujourd'hui, tu as le juste retour dans ta vie. Eh oui, cela peut susciter de la jalousie autour de toi. Ces personnes ne voient que la partie visible de l'iceberg. Certaines imaginent des choses sur toi. Si elles savaient tout ce par quoi tu es passée, elles tomberaient du grenier à la cave…

Tu es une artisane de lumière, une artisane de l'âme. Tu accompagnes ceux qui en ont besoin.

Reste à ton écoute. Reste au clair avec toi. Ne te laisse pas porter par la masse. Ne te laisse pas envahir par l'autre. Ne te laisse pas ternir. Il n'y a plus rien à chercher auprès de ceux qui ne te connaissent pas.

Continue car tu peux aller encore plus loin et plus haut. Maintiens le cap vers cette nouvelle terre qui est face à toi. Maintiens la paix et l'éveil en ton temple intérieur.

Tu le sais et tu le fais. Ceci est juste un rappel pour te souvenir chaque instant de ta mission.

Accueille le mouvement de la vie en toi.

- Je voudrais comprendre pourquoi en amour, je vis des relations de codépendance. Que la codépendance vient de l'autre et/ou de moi ? Je sais que tout part de moi et que l'autre répond à mon appel vibratoire. Rien de conscient. Est-ce pour cela que j'ai de la difficulté à aimer l'autre de manière totale ? Est-ce pour cela que je crains d'aimer ?

- Ce qui se passe et ce qui se joue très souvent et qui t'agace (ce que je comprends), c'est que chaque personne que tu rencontres te renvoie ce miroir violent : « C'est à cause de toi si je suis co-dépendant ! ». On te renvoie la balle. Et chez toi cela crée de la tension et de la culpabilité.

A partir du moment où tu auras transmuté cette vibration, tu pourras aimer de manière totale et en toute confiance.

Ta prise de conscience est le premier pas vers la guérison. Pars sur le chemin de ton cœur pour atteindre ta sagesse intérieure et ta mémoire ancestrale.

Chat pitre 15
La beauté du monde

Assise à la table de la cuisine, je sirote un thé à la rose...
j'adore la fleur et tout ce qui va avec : les couleurs,
l'odeur, le goût.
Ce matin je me suis réveillée avec tristesse. Je l'accueille.
Echanger avec mes amies me fait du bien. Ecouter des
chansons que j'aime, aussi.
Mallow revient de sa promenade matinale. Il fait chaud
et la porte de la cuisine est ouverte. Elle peut donc aller
et venir à sa guise.
Je lève le nez du mug et l'accueille avec un sourire. Je
tourne la tête à gauche et vérifie qu'elle a de quoi se
nourrir. Elle mange quelques croquettes puis passe sous
la table en frôlant mon mollet, grimpe à mi-hauteur les
escaliers et s'arrête. S'assied face à moi. Se lèche une
patte dessus/dessous, la repose à côté de sa jumelle et
me transmet :

- Tu as de la difficulté à reconnaître ta valeur, à faire
reconnaître tes droits, ta sensibilité, ta pensée, ta façon
de voir les choses...

- Est-ce cela qui me rend triste ? Qu'est-ce qui me retient ?
Qu'est-ce qui fait que je ne peux vraiment aller dans
cette beauté qui émane de moi ?

- Le passé... Tout ce que tu as traversé (ennemis, disputes,
discordes, ruptures, drames, manipulation, méchanceté
gratuite), ce n'était pas pour rien. Tu as connu tous les
conflits. Tu as même dû « t'exiler » pour ne pas te faire
bouffer. Tu as appris dans ta chair que la souffrance
t'apporte de l'expérience, des leçons à tirer. La seule

chose qui freine l'apparition, la visibilité de ta beauté c'est la tristesse que tu gardes et qui concerne le passé. Tu as besoin de t'accorder du temps afin de panser tes plaies, pleurer, lâcher les vannes, pouvoir déposer ton fardeau. Tu as tant à offrir. Et c'est d'une telle beauté ! Comme une fleur sous la rosée, ouvre-toi et laisse tomber toutes les larmes de ton corps afin de nettoyer toute cette tristesse que tu as accumulée.

Il est temps de prendre soin de toi. De te centrer sur toi. Pour te purger et laisser partir. Pour sortir de ces conflits internes qui freinent ton évolution. Lâche les rênes de ta survie et pars chercher la pépite en toi. Tu n'as jamais été faite pour être comme tout le monde. C'est pour cela que tu as été mal accueillie et mise de côté. C'est pour cela que tu as l'impression d'être rejetée. C'est pour cela que tu as subi des injustices. Tu es si différente !

Viens près de moi, mon Humaine. Je vais te dire quelque chose.

Je m'approche de Mallow. Je m'assieds sur la marche de l'escalier à côté d'elle. Fait d'une extrême rareté, elle vient se mettre en boule sur mes cuisses. Elle ronronne. Que sa chaleur est douce et apaisante. Je caresse son pelage. Les larmes arrivent devant tant de grâce, de beauté et d'intelligence.

Elle poursuit :

- Tu es unique et quand tu le mettras en lumière, tout changera. Toutes les épreuves que tu as traversées t'ont appris, t'ont endurcie et tu as acquis une forme de sagesse et de désinvolture face aux drames. Tu as cette grande capacité en toi. Le chemin pour toi est de devenir une guerrière sereine. Tu peux affronter tous les remous de la vie loin, très loin du drame. Tu laisses. Tu prends cela avec sagesse. Tu entames les bonnes actions. Tu as la parole juste et bonne pour être écoutée. Tu fais face aux situations. Tu es un être ancré, juste, droit et tranchant. Pas une épée pour brandir à tout va. C'est juste une protection. Tu l'utilises à bon escient. C'est une grande force. Ce que tu as fait dans le passé pour te protéger, tu continues à le faire mais avec justesse. Et entre toi et moi : ce n'est pas donné à tout le monde ! Tu es im-per-tur-ba-ble ! Et à terme tu n'auras plus besoin d'utiliser ton épée.

J'ouvre les vannes de la tristesse… Je laisse couler mes larmes… car je sais que derrière chaque larme, se cache une goutte de joie.

Chat pitre 16
Plus rien ne sera comme avant !

- Tu n'imagines même pas la modification qu'il va se produire dans vie. Et même ce que tu as déjà va se transformer. Ta manière de voir le monde, de vivre le monde, d'être, de te positionner aura un impact dans ce que tu diras, feras et, ainsi, orientera les choses vers de nouvelles dynamiques. Et cela se produira aussi sur le concret. Tes rêves sont accessibles !
- Cela fait si longtemps que j'attends ! De tout ce que j'entreprends depuis des années, j'ai souvent eu l'impression que c'était pour des miettes !!
- De belles choses se sont réalisées dans ta vie.
- Oui, bien sûr. Et j'ai initié ces choses. Là je dis à l'Univers : « Apporte-moi du miracle ».
- Le miracle de l'Univers, c'est qu'Il te montre ce qui t'empêche d'avancer. Ce qui bloque pour que tu sois libre ensuite d'utiliser ton libre-arbitre.
- Je sais que c'est dans les difficultés que l'Univers m'aide. Mais là je suis épuisée, à bout de souffle !
- Mais noooooooooooon, tu n'es ni épuisée, ni à bout de souffle ! Tes forces intellectuelle et mentale ne te dominent plus. Tu maîtrises face aux bouleversements. Avant quand un changement se présentait, tu étais soumise à tes modes de survie qui se mettaient en place tous seuls (résistance, rejet, pas en arrière…). Aujourd'hui tu as conscience de toi-même, tu t'es libérée et tu as guéri de beaucoup de choses. Et même si tes modes de survie sont toujours présents, tu les observes. Quand ils arrivent et qu'ils deviennent tes pensées, tu les regardes et tu réagis : « Ça ne va pas, ça.

Pourquoi je pense ça ? Pourquoi je réagis ainsi ? Mais tu fais quoi, là ? ». Tu es en conscience. Oui c'est un travail au quotidien. Mais c'est ce que l'on appelle la force, le courage, la maîtrise de soi. Tu te domines toi-même. Même si tu prends une décision par peur de, tu le fais en conscience. Tu sais qu'à ce moment-là tu as peur. Tu as conscience de l'intention, de ce qui te guide et te dirige.

- Donc ce qui est mis en lumière, dans les difficultés comme pour les belles choses, c'est la reconnaissance de la force et du courage en moi ?

- Oui car tu y mets tout autant de cœur. C'est ta ressource. Reconnais-toi dans ton estime, dans ta puissance et dans tout ce que tu as traversé. Tu es revenu à ta place dans le sens de l'humilité et de la bonté envers toi.

La Vie ne t'apportera jamais sur un plateau d'argent ce que tu attends, les changements, les cadeaux, etc. Ce n'est pas qu'elle ne veut pas de les apporter. La récompense n'existe pas. La récompense est dans la facilité que tu as de démarrer, transformer les choses dans la direction que tu prends. Sans le boulet que tu avais aux pieds. Le cadeau c'est de mettre en lumière le blocage. Blocage que tu as transformé, transmuté. Le cadeau c'est toi. Le cadeau c'est la nouvelle énergie dans laquelle tu es. Si tu attends quelque chose de plus, c'est peine perdue. C'est ta force et ton courage qui feront des miracles. Avec l'amour de toi et l'amour dans ce que tu crées. Tu verras avec quelle facilité tout se mettra en place. Sans parler de l'expansion et des coups de pouce du destin.

- Un de mes plus beaux cadeaux, c'est toi…

- Les cadeaux sont partout là où l'on veut bien regarder. La résilience, ça te dit quelque chose ?

\-   Oui.

« Il paraît que les chats n'aiment pas l'eau et les bruits forts ! Mais ce n'est pas vrai ! En réalité, ils n'aiment rien du tout !!!!! » (Waze)

CHAT PITRE 17
Les profondeurs

- Tu es dans une grande transformation intérieure actuellement. Tu es en train d'accéder à certaines profondeurs de ton inconscient. Sois patiente et attends que le processus se fasse car cela demande du temps.
- Pourquoi ?
- Car le temps de l'esprit n'est pas le même que celui du corps. Pour que les informations parviennent à ton corps et aillent jusqu'à ta conscience demande du temps. Donc fais preuve d'indulgence envers toi-même. Tu arrives au bout d'un chapitre. Sois patiente.

  Tu as traversé beaucoup d'appréhensions, de peurs, d'inquiétudes… c'était un processus. Il est temps d'accepter que pour guérir il faille aller dans tes profondeurs et parfois, cela est douloureux. Mais c'est aussi ton chemin puisque ton âme a décidé de s'incarner ici-bas. Et s'incarner sur Terre est une épreuve.

  Ce que tu traverses est pour retrouver la santé parfaite et la guérison à tous les niveaux.
- Oui mais le prix de cette transformation est très douloureux car une partie de moi veut sortir de cette situation et l'autre partie a peur de sa propre lumière.
- Choisis-toi mon Humaine. Choisis la santé et la guérison. Ferais-tu preuve de complaisance envers la douleur et la maladie ?
- Comme une sorte de légitimité dans la maladie ? Des bénéfices secondaires ?
- Oui. Et si tu t'y complais, tu te trompes de route. Fais le deuil et vas vers ce nouveau chapitre qui s'offre à toi !

- La seule question à me poser est : est-ce que je reste dans ces énergies ou est-ce que je veux une nouvelle vie ? Pourrais-je faire de manière différente ? Est-ce que j'ai les clefs en mains ?
- Tout n'est que croyances limitantes. Tu peux accéder à cette nouvelle vie beaucoup plus légère et posée. Tu es prête. C'est la bonne nouvelle ! Fais-toi confiance. Fais confiance à la belle lumière qui émane de toi.

Chat pitre 18
Il était une fois...

« Il était une fois une de tes vies antérieures. Tu étais en couple, heureuse et il y avait une tierce personne, très féroce. Elle était masquée et tu n'as rien vu venir. Cette personne évoluait dans ton cercle sans que tu te doutes de quoi que ce soit. Elle cachait un jeu. Elle voulait détruire ta relation faite d'amour. Dans cette vie antérieure, elle a dépecé tes liens d'amour avec ton autre. Il y avait de la magie noire, des incantations, des rituels. Cette personne était un membre de ta famille. C'est pour cela que tu n'as rien vu venir. C'était très caché, sous-terrain. Alors que tu étais dans un amour puissant, coloré, fluide, merveilleux. Il y a eu une rupture. Ton autre est parti du jour au lendemain et tu n'as pas pu voir ce qui s'est joué. Et tu n'as pas vu les alertes. Tu n'as rien compris. Tu as ressenti un abandon total, un grand vide et de l'incompréhension. C'est pour cela que tu te sens seule même si tu es entourée. Il y a quelque chose de très nostalgique en toi. Tu rêves de cet ailleurs où tout était merveilleux.

Dans cette vie tu fais la transition. C'est la raison pour laquelle tu t'es incarnée : retrouver ce couple, retrouver cette âme sœur. Et renverser la vapeur. Dans cette vie, il t'est demandé d'ouvrir ton cœur, de faire confiance. Tu retrouveras cet amour que tu as connu et cette fois-ci ce sera pour aller au bout du bout. Et offre-toi cet amour, pleinement, dans la lumière. Tu as en toi cette mémoire-là. Ça t'a impacté. C'est pourquoi, tu n'arrives pas à être de manière totale dans une relation. Une part de toi est ailleurs, comme un flou artiste, comme si tu ne parvenais pas à être dans l'intimité. C'est pour cela que tes relations se coupent de manière brutale. Dans ta vie antérieure, tu n'as pu faire le deuil. Il est temps de le faire à présent...

Ne laisse pas le passé te retenir. Ne laisse pas ton cœur devenir aride. Tant que tu ne fais pas la paix, tu continues à porter ce fardeau. Dès que tu as des doutes, de la nostalgie, de la colère, du malaise, de la noirceur, de la déprime, à l'intérieur de toi tout ressurgit. Tout ce qui n'a pas été mis en lumière. Tu as caché au plus profond de toi, toutes les choses que tu ne souhaitais plus voir et ressentir.

Sois confiante aux cycles. Ce sera bientôt un nouvel horizon pour toi. Le soleil commence à se lever ».

Chat pitre 19
Le troupeau

- Je suis animée par un feu intérieur qui me demande de regarder droit devant moi et d'avancer sur mon chemin. Et pourtant, il y a à l'intérieur de moi une dichotomie qui se profile à l'horizon et qui me fait douter : « Si je sors de ma zone de confort, j'ai l'impression que je vais me sentir isolée, que je vais retourner dans ma solitude profonde où je ne vais pas avoir accès au monde. Faire un choix c'est aussi un sacrifice ».

- Sois confiante. En prenant la décision d'aller vers ton feu sacré, d'aller sur ton chemin de vie, certes, c'est prendre un risque, sortir de ta zone de confort, mais c'est aussi retrouver ta tribu, ta famille d'âme. Les personnes nécessaires afin que tu puisses avancer avec sérénité, pérennité, confiance en l'amour et dans l'entraide. Ce sera tout sauf ce à quoi tu penses. Prends ton élan et vas-y !

  Oui, cela demande de l'énergie, un élan intérieur vital. Si tu es fatiguée, repose-toi, offre-toi un massage, va marcher en forêt. C'est ainsi que tu maintiens ton énergie. Respecte ton rythme, ton corps, respecte-toi pour entreprendre le chemin. Sois dans l'ici et maintenant.

- J'ai foi. J'y vais. Je prends mon chemin. Le seul risque c'est ma renaissance. Je réponds à l'appel lié à mon éveil.

- Tu as beaucoup de dévotion. Tu transmets. Tu guides. Tu fais preuve d'empathie. Un point de vigilance : certains viennent prendre ta lumière, d'où l'importance du repos.

Tu es entourée et on te souffle : « Vas-y, sois confiante, vas sur ton chemin ».
Ne suis pas le troupeau. Ecoute-toi d'abord.

CHAT PITRE 20
La transformation intérieure

Tout affairée en cuisine, j'entends Mallow descendre les escaliers. Et se planter devant la porte pour sortir.

- Attends, je finis ce que je suis en train de faire (éplucher des pommes de terre !!) et je t'ouvre.
- Ok, j'attends, dit-elle en soupirant
- Eh ! Votre altesse, il ne peut y avoir deux impatientes dans cette maison, dis-je en souriant.
  Et j'enchaîne :
- La créativité en tout n'est-ce pas ?
- Oui. Où veux-tu en venir ? Ouvre-moi, j'ai besoin de me dégourdir les pattes entre autres choses.
- Un instant si tu veux bien. J'ai besoin d'en parler avec toi là maintenant. Je n'en ai pas pour très longtemps… tu sais que c'est souvent quand je cuisine, quand mon esprit est libre, que ça me vient comme ça…
- Ca va. Ca va. Je t'écoute.
- Il y a eu un gros travail de fait en moi et je découvre ma créativité. J'ai amassé tous ces trésors et mon enfant intérieur s'assoit dessus pour que l'on ne vienne pas me le voler. Na ! Il est très content de lui. C'est très joyeux. J'ai récupéré mes dons, ma connaissance, ma joie… même si je suis et resterai jusqu'à la fin de ma vie terrestre en plein processus d'évolution. J'ai atteint un palier. J'ai compris le pourquoi des épreuves traversées. J'ai pu retourner la situation et je partage mon bonheur. Quand on m'attaque, quand on me mord, quand on me met la tête sous l'eau, je reviens 10 fois plus forte. C'est ça ma force. Et je ne cesse de me transformer. Et je ne cesse d'activer mon pouvoir au fur et à mesure de toutes

les batailles que j'ai connues. Je nais et renais à chaque fois tel le Phoenix.

- Oui cela a pris du temps, le temps nécessaire pour apprendre, comprendre, transcender les situations par lesquelles tu es passée. Tu as abattu l'arbre qui cachait la forêt : tes émotions, tes intuitions, ton savoir, ta douceur, ta bienveillance, ton mysticisme. Tu es appelée à aller vers l'abondance dans tous les domaines de ta vie.

- Le prochain pallier ?

- Oh ! Une marchette !!! Tu apprends l'abondance intérieure : les savoirs ancestraux. Pour l'instant, c'est petite goutte par petite goutte. Et ça fait le job ! Tu découvriras que tu as la capacité de manifester l'abondance à l'extérieur en termes de mots, d'attitude, de relations, du matériel... et tu pourras avoir le choix ! On ne t'impose déjà plus rien. Tu n'as plus de chef (parents, amis, collègues) pour te dire « fais ci ou fais ça ». Tu prends tes décisions seule. Tu choisis en ton âme et conscience car c'est le fruit du travail de toute ta vie et tu te protèges : tu mets les bonnes barrières, les limites, tu t'affirmes. Personne ne peut plus t'entourlouper. Ni dieux ni maîtres. Et ton âme est très sure d'elle. Elle sait. Elle sait. Tu m'attends ? Elle sait...

- J'ai besoin d'être au contact de ma créativité. Je sais que si je me fourvoie, si je me mens à moi-même, cela ne peut fonctionner.

- Tu as embrassé ton côté unique. Tu sais chaque jour de mieux en mieux qui tu es. Tu es de plus en plus connectée avec ton âme. Ce qu'elle souhaite. Les raisons pour lesquelles tu t'es incarnée dans cette vie terrestre. Continue de te choisir. Tu es emplie d'amour, de gratitude. Tu sais ta légitimité. Tu as pris ta place. Tu as retrouvé cet enfant divin qui vit et vibre en toi. Celui que tu as cherché toute ta vie.

- Qu'est-ce qui pourrait enclencher l'effet domino pour aller vers cette grande transformation qui est en train de se produire
- Ecoute ton corps… Ecoute ton rythme… tout ce que tu ressens, c'est ton corps qui est en demande. Continue de marcher, danser, chanter, pratiquer le yoga… Reste dans le mouvement pour que cela ne se fige plus jamais. Maintiens ton taux vibratoire élevé pour continuer ton ascension et prendre la mesure de qui tu es. Et découvrir ta profondeur. Car tu es un être profond mon Humaine. Tes idées, tes envies sont en lien avec tes racines et ce qu'il y a de plus grand que toi.
- C'est une merveilleuse transformation.

Je replonge dans mes pensées et ma recette !!

- Bon… je peux sortir maintenant ? J'ai besoin de manger de l'herbe.
- Manger de l'herbe pour te purger ?
- Ben oui ! C'est beurk l'herbe mais les poils dans l'estomac, ce n'est pas top non plus… ça pèse lourd au bout d'un moment.
- Tu pourras te purger dans le jardin ?
- Non sur les draps propres, c'est mieux !

Mallow me regarde avec ses yeux polissons. Je la regarde à mon tour en feintant un regard féroce. Je fais mine de prendre mon élan pour lui courir après. Elle déguerpit en moins de temps qu'il ne faut pour le dire. Et grimpe sur l'arbre à côté de la maison.

-    Tu m'attraperas pas… tu m'attraperas pas !!

Nous rions. J'aime rire avec elle.
Je rentre et la laisse à sa vie, à ses aventures. Et moi à mes pommes de terre !!! Les oignons sont en train de colorer dans l'huile d'olive. Hum ça sent bon…

« Je n'sais pas donner la pa-patte ou ramener une ba-balle mais je peux vous guider jusqu'à votre destination » (Waze)

Chat pitre 21
Et tout devient possible…

C'est surprenant car je ne m'attendais pas du tout à ce que cela change, ni que je réussisse. Que tout ce que j'ai entrepris m'apporte des résultats.

Cela me permet d'être bien sur mes appuis et surtout je réalise que, par moment, même si je ne crois pas en moi à 100 %, juste le fait de faire des pas, de poser des actions, peut tout changer.

Je commence à accepter l'idée que je suis capable de… C'est mon état d'esprit qui change. Plus j'avance et plus je me dis : « Je vais essayer ». Je commence à croire de plus en plus qu'il est inutile de tout contrôler ou que tout soit parfait.

Je peux m'améliorer sur le chemin. Je n'ai pas besoin d'être la personne parfaite pour mettre un projet en place. Le parcours n'a pas besoin d'être fluide. Je peux déjà faire de mon mieux. Pour le reste, on verra…

Je casse une croyance.

- Un seul mot : alléluia ! Bon j'en rajoute quelques-uns : c'est facile d'aller là où tu veux. Juste suivre les étapes.

CHAT PITRE 22
Force et vulnérabilité

- Suis-je victime de ma force ?
- Non... et oui à la fois... non car tu as été capable d'aller au-delà du triangle de Karpmann. C'est devenu une force chez toi. Et tu repères tout de suite les personnes qui sont dans la victimisation, qui ne se responsabilisent pas, qui accusent les autres... bref ceux qui endossent les rôles de victimes, bourreaux, sauveurs puisque tu es passée par là et que tu as été au-delà de ces comportements. Tu as repris ton pouvoir personnel.
- C'était pas gagné !
- Tu es différente des autres. Tu n'es pas pour tout le monde. Tu ne crains pas les ragots, de ce que l'on peut dire de toi ! Tu présentes ton dos.
- Je présente mon dos ?
- Oui tu as une telle foi en l'Univers que tu présentes ton dos en ce sens où, comme je viens de te le dire, les ragots et ce que l'on peut dire de toi, tu t'en fous ! Tu es bien debout sur tes jambes. Stable. Cela t'a demandé beaucoup d'efforts, de remise en question, de courage. Tu as passé ta nuit noire de l'âme.
- Peut-on revenir à la question du départ ? Tu m'as répondu sur le non. Qu'en est-il du « oui » ?
- Tu te caches derrière ta force. Il est temps d'ouvrir la porte à ton féminin sacré, à la sensualité qui émane de toi, l'attraction physique, le désir... que tu considères comme une forme de vulnérabilité. C'est aussi pour cela que tu montres ton dos : afin que l'on ne voie pas tes attributs. Quand accepteras-tu ta sensualité ? Ce côté très animal que tu peux avoir et que tu réfrènes ? Car

pour toi c'est comme une faiblesse. Alors que cela fait partie de la vie ! Avoir accès et montrer cet esprit-là (sensualité, sexualité, côté animal…) ne vont pas avec le bouclier que tu as mis en place. Au lieu de montrer ton côté femme fatale, tu montres ta force (la façon dont tu te défends).

Pourquoi as-tu besoin de te protéger ?

- J'ai l'impression que la séduction peut m'affaiblir. Me mettre à nue est si difficile. Je me suis construite sur ma force.

- J'insiste : il est temps d'accueillir ton côté féminin, la séduction, le côté animal, le désir, la sensualité… Pour quoi crois-tu t'être incarnée dans cette Terre si ce n'est aussi pour jouir de la vie ? La joie de vivre est le fondement de la vie : accueille.

- Comment puis-je équilibrer force et vulnérabilité ? Quel est le pont entre les deux ?

- C'est en lien avec ta volonté et ton envie de rayonner. Oui tu es un être fort. Tu peux t'appuyer sur ta force grâce à ta vulnérabilité. Ose te montrer. Montre ta belle sensualité. C'est une vibration ! Il n'y a aucune soumission dans la sexualité. C'est une illusion. Tu sais comme l'oiseau dans la cage dont la porte est ouverte… il peut s'envoler. Mais il a l'illusion de la cage et non la conscience de la porte ouverte. Honore ton féminin. Brille ! Rayonne ! Ose être qui tu es !

CHAT PITRE 23
De gauche à droite et de droite à gauche

- Je cherche une solution. J'ai besoin d'une réponse. J'ai besoin de sortir d'une situation qui m'embête un peu...
- Cesse de t'entêter à ne regarder que dans une seule direction. Tu t'entêtes à regarder uniquement sur la gauche. Regarde à droite : il y a des choses à voir, à apprendre, il y a des révélations... quoi qu'il en soit, tu y verras beaucoup plus clair !
- Suis-je sensée attendre ?
- Non c'est toi qui crois que tu dois attendre ! tu crois que c'est la seule solution... non non non il y en a une autre. Tu peux faire bouger la situation. Tu peux en changer l'issue. Mais comme pour l'instant, tu ne regardes que d'un côté, tu ne peux voir ce qu'il se passe de l'autre côté. Tu peux sortir de cette période en dents de scie.
- J'ai l'impression de ne pas avoir la main sur cette situation. Comme si j'étais passé à côté d'un truc... et rrrrrrrrrr ça m'agace !!!
- Tu te prends pour une lionne ? Ah ah ah ! Plus sérieusement, oui tu es passé à côté ! Si aujourd'hui cela revient, c'est que ton état d'esprit est différent et tu es déjà en train de chercher comment tu peux changer les choses. C'est donc le bon timing !
- En réalité, cela m'énerve. Tu me dis que la solution était là et que je n'ai rien vu !!!

- Tu n'as pas refusé le message. Tu ne l'as pas compris. Tu l'as repoussé car tu te disais que ce n'était pas le bon moment, que tu n'étais pas prête… bref, tu as laissé de côté.
- Tant que je n'aurais pas compris le message, il reviendra, c'est ça ? C'est donc la direction qu'il est important que je prenne ?
- Oui. Et le prochain message sera très clair. Quand il arrivera, la seule chose à faire est de dépasser tes peurs. Quand tu dépasseras tes peurs, tu te rendras compte que le possible a toujours été là.
- C'est frustrant : juste par peur, juste par manque de confiance en moi, juste parce que je regarde trop sur la gauche et pas sur la droite que je n'ai pas vu la possibilité mise sur ma route !
- Continue ton chemin. Cesse l'auto-sabotage. Continue à laisser tes peurs de côté. L'engagement est au bout du chemin. Fais preuve de courage une dernière fois et les portes vont s'ouvrir. Engage-toi pour toi. Fonctionne comme tu n'as jamais fonctionné.
- Ca aussi ça m'énerve parfois. Je voudrais qu'il y ait d'autres façons d'avancer, d'obtenir ce que mon cœur désire !
- Il n'y a pas d'autres façons d'avancer que de dépasser ses peurs. Tu crois qu'il te faut enjamber la barrière. Alors que la clef est dans ta poche. Mais non, toi, tu décides de ne pas y croire. Alors que la

clef est bel et bien dans ta poche. Inutile donc d'enjamber.

- Ça peut être facile comme ça ? Aurais-je oublié avoir mis la clef dans ma poche ? Ce n'est pas dans mes habitudes d'oublier des choses. Ni d'opérer un demi-tour en si bon chemin.
- Tu es une personne obstinée. C'est ce qui va te sauver.

CHAT PITRE 24
Je décide

- J'ai l'impression de me sentir plus libre dans ma tête. J'ai l'impression d'avoir le choix. J'ai l'impression d'avoir la possibilité de faire ce que je désire. Le fait d'être dans cet état d'esprit me permet d'être dans la maîtrise. Je m'autorise à rêver : je peux me retrouver dans un nouvel environnement, je peux partir en voyage, je peux faire ci ou ça dans ma vie... Je me permets de me laisser tranquille et d'arrêter de me stresser, de me poser tout plein de questions et d'angoisser sur ce que l'autre pourrait penser de moi. J'ai décidé que je suis maîtresse du jeu.

- Ton état d'esprit change et ta façon de penser aussi. Tu sors du placard.

- Oui je décide de ne plus m'entraver. De ne plus me faire de mal en fait ! Car cela me rend triste. Je décide de laisser de côté tout ce qui m'embête, me gêne ou me tire vers le bas. Je n'en ai plus envie de toutes les façons. Je n'ai plus d'énergie à donner à tout cela. Cependant j'ai beaucoup d'énergie à me donner. J'ai envie de m'occuper de moi, de ma vie... Je ne laisse plus rien passer. Il y a un truc qui cloche, qui provoque des doutes, des hésitations ? Hop ! Qu'est-ce que je fais ? Pourquoi je suis dans le doute ? J'essaie d'analyser la situation pour que cela puisse passer de manière très rapide. Et c'est ce qui me permet de me trouver dans une tranquillité d'esprit et de me retrouver dans une certaine dynamique.

- Et si quelqu'un te sollicite ?
- J'ai trop laissé l'extérieur décider à ma place. J'ai trop laissé certaines de mes envies passer.
- Cela veut-il dire que tu es prête à changer ?
- Il y a des choses, des personnes qui me tenaient à cœur dans le passé et pour lesquels j'ai laissé ma vie de côté. Ras-le-bol s'est installé et j'ai décidé de fonctionner de manière différente. Je me suis beaucoup ralentie par loyauté, par fidélité, par bienveillance. Là je maîtrise mes actions.
- Et si une personne te propose un rendez-vous ?
- Si je n'ai pas envie d'y aller, je n'irai pas. Je comprends que plus je m'aide, plus le chemin sera facile. Je préserve mon énergie. Je cesse d'aider ceux qui ne m'aident pas. J'ai compris que c'est à moi de faire le nécessaire, d'aller de l'avant. Je ne dis pas que cela va se faire du jour au lendemain. Je ne veux plus m'illusionner. Je tente. Je me donne l'autorisation d'essayer.
- De l'intérêt de la goutte d'eau, n'est-ce pas ?
- Oui.

**« Tournez la page...
...si chat vous dit ! »**

Chat pitre 25
Surfer sur la vague

- Tu devrais te laisser porter. Et si tu laissais tout simplement parler ce qu'il y a à l'intérieur de toi ? Tu as vu, compris ce qui était censé se passer pour toi dans une situation. Tu rejettes une intuition puisque tu crains d'être déçue. Tu as peur d'y croire. Tu préfères refouler.
- T'imagines si je m'illusionne ? T'imagines si je suis en train de me dire que les choses peuvent fonctionner pour moi, que ma vie peut changer, que je peux me retrouver dans une situation agréable. Et puis voir que cela tourne au vinaigre. Mon cœur ne le supportera plus. Je ne pourrais pas me relever si jamais je chute une nouvelle fois.
- On te montre que tu as peur de réussir. On te montre que tu as peur d'admettre que le plus souvent tu poses les bonnes actions, que tu fais ce qu'il faut dans les situations qui se présentent à toi. C'est pour cela que les choses se manifestent. Et qu'à d'autres moments, si les choses n'ont pas fonctionné, c'est peut-être parce que ce n'était pas de ton ressort. Pourquoi continues-tu à douter si tu fais exactement ce qu'il faut ? Pourquoi tu continues à te poser autant de questions ou à croire que la roue ne va pas tourner si éventuellement tu as le bon positionnement ?

- J'ai toujours l'impression que cela doit être plus difficile. Quand je traverse la vie, de manière générale, c'est toujours plus difficile. Alors pourquoi cela serait plus facile aujourd'hui ? Je ne m'attends pas à ce que l'on me facilite les choses de toutes les façons. J'ai l'habitude d'avancer dans une dynamique bien précise. J'ai l'habitude de forcer pour obtenir ce que je désire. Ce sont les choses trop faciles qui génèrent du doute. Je préfère me dire que la route sera longue. J'ai appris à fonctionner ainsi et à m'adapter aux situations qui se présentent à moi.
- Donc dans ta vision, tout doit être compliqué.
- Quoi qu'il en soit, tant que je ne le vois pas, j'émettrai des doutes.
- Tu préfères donc t'enlever de l'espoir plutôt que de t'en donner ?
- Je préfère me dire que je ne vais pas obtenir ce que je veux. Je préfère ne pas m'attendre à tes choses positives pour ne pas me prendre de mur. Je cherche à me protéger. Tant que la réponse n'est pas là, je continue ma vie « comme si ». Comme si cela n'avait pas fonctionner. Comme si la réponse n'allait jamais arriver. C'est plus facile. C'est juste parce que je n'ai pas envie d'être triste.
- Tu te fais toute une problématique dans ta tête. Tu t'attends à chuter ! Alors que tout ce qu'il y a à l'intérieur et à l'extérieur de toi te montre que cela avance de manière positive. Je t'invite à rentrer

dans le lâcher prise afin que la vie puisse te surprendre. Oui, bien sûr que parfois des personnes ou des situations sont compliquées mais tu ne peux pas t'attendre à rencontrer que des difficultés sur ton chemin. Sinon à quel moment prends-tu le temps de ressentir de la joie, du bonheur ? A quel moment crois-tu en toi ?

Dans ta difficulté tu as appris à te préparer, à accepter les choses telles qu'elles sont. Tu as appris à te mettre en condition, à te battre pour ce que tu veux et surtout à perfectionner le comment tu mets les choses en place et comment tu te prépares à recevoir. C'est tout un processus pour toi : tu passes par les doutes puisque tu pars du principe que ta vie ne peut pas devenir fluide du jour au lendemain.

Laisse la vie te surprendre...

Chat pitre 26
Plonger dans le silence

- Sais-tu que tu as hérité d'une capacité de transmutation ? Elle est en train de fleurir et est en lien avec ta sagesse ancestrale.
- Non, je l'ignorais.
- C'est le caractère formidable de plonger dans le silence pour laisser émerger toute la profondeur de ton être. C'est une transformation qui va se réaliser au travers du silence.
- Qu'est-ce qui va se transformer ?
- Tu vas réaliser que certaines personnes emploient tout leur pouvoir pour te dominer et te maintenir attachée. Tu vas le ressentir de manière très forte afin de conscientiser que cela n'est pas juste. Cela va te demander beaucoup de concentration.
- Pourquoi au travers du silence ?
- C'est ainsi que tu vas pouvoir te réaligner intérieurement (« le silence est d'or ») et recevoir les messages dont tu as besoin. Cela te permettra d'entrer en contact avec ta guidance intérieur et donc ta sagesse ancestrale.
- En lien avec mes ancêtres ?
- Oui et tout l'héritage que tu portes en toi. Certains de tes héritages sont encore des trésors cachés, en lien avec tout l'amour en toi. Cela va te permettre aussi de laisser émerger toute ta magie. Cela va changer ta perception, ta philosophie de la vie.

Tu ne seras plus esclave de ta soumission. Tu ne seras plus esclave de ta vie. Tu es une pionnière de cœur. Ce cœur en lien avec ta créativité innée qui te vient de ta mémoire de l'âme. Et cela émerge dans cette vie. Il faut beaucoup d'amour de soi pour fleurir tel le lotus qui naît de la boue. Tu n'as jamais été comme les autres, tu n'es pas comme les autres et tu ne le seras jamais. Tu as ton propre chemin, ta propre sensibilité, tes propres pensées. Mais chuuuuuuuuuuuuuuut… garde ce trésor en toi. Reste comme tu es : humble.

Tout va s'apaiser, s'adoucir au fond de toi car tu vas enfin te reconnaître pour qui tu es : une sage et belle âme, profonde, différente. C'est cela ta plus-value. C'est ton côté magique et irrationnelle. Honore qui tu es et tu pourras ainsi montrer aux autres qui tu es vraiment.

Choisis-toi.

Chat pitre 27
Le lien à l'autre

- Je ressens qu'il y a certains liens avec l'autre qui ne sont pas justes.
- Arrête de t'appesantir sur cette notion d'injustice aussi difficile soit elle, aussi vraie soit elle car cela vient te couper de tes élans vitaux de création et de redémarrage.
- Cela me maintient en arrière ? C'est ce que tu veux dire ?
- Oui, si tu veux partir sur de nouvelles bases, lâche le passé. N'en as-tu pas assez d'être drainer par cette blessure d'injustice ?
- Oui ! Bien sûr ! Car je me rends compte que je continue à entretenir mon regard sur l'injustice, à entretenir que c'est la faute de l'autre !
- Alors décide de couper avec elle ! Oui parfois c'est vraiment la faute de l'autre ! En attendant, aujourd'hui, la situation a évolué et cela ne fait plus partie de ta vie. Mais ce sont des choses qui te drainent encore car tu maintiens la vibration d'injustice. Comment veux-tu avancer dans des relations équilibrées si tu maintiens cette énergie ?
- Comment faire ?
- Transforme. Tu as toutes les capacités et tous les outils. Tu ne les utilises pas. Le risque, c'est qu'en maintenant ce schéma tu restes accrochée. Et c'est cela qui te coupe de tes capacités. Tu donnes raison

à ton égo et à ta position de victime. Comme tu ne regardes qu'à travers ce prisme, tu vis des situations qui te donnent raison. Laisse partir.

- Je ne suis pas d'accord avec ce que j'ai vécu. Et je suis encore moins d'accord de le garder dans mes vibrations et de venir m'auto-convaincre que je ne suis pas reconnue à ma juste valeur. Pourtant je bosse sur moi, je prends conscience, j'ai de la volonté à vouloir avancer et faux départ, je revis les mêmes choses !

- Revois ta copie ! Rien ni personne n'est contre toi. Il y a encore quelque chose qui résiste. Tu as toutes les ressources nécessaires pour transformer et transmuter toutes les situations. Tu sais comment faire ! Cette force, tu l'as et elle ne te sera pas retirée. Et en plus tu maîtrises !

- Tu dis que je maîtrise et pourtant je baigne encore dedans.

- Parfois tu as été très dure avec toi-même et avec l'extérieur. Parfois tu t'ais abandonnée et ce fut imprudent. Ce processus de transformation - transmutation est d'oser te délester d'une peau pour ne garder que l'essence et repartir. Jusqu'à présent, ta façon de les vivre et de les faire a été un peu déséquilibré. Le but est de cesser de rejeter la faute sur les autres, de cracher ton venin, de prendre le temps de sortir de l'émotion afin de dire de manière juste. Réajuste tes limites. Dis « stop », « non ». Sois juste et gentille avec toi d'abord. Être dévouée, gentille, oui mais pas avec n'importe qui ! Cesse de douter de toi, de tes choix, reprends ton pouvoir ! Libère-toi de tout le poids et de tous les liens que l'extérieur peut avoir avec toi. Ressens que tu es inestimable aux yeux de l'Univers. Il ne tient qu'à toi de décider comment le vivre.

Chat pitre 28
Par avance

J'ai ce petit quelque chose en moi qui me permet de voir au-delà des apparences et de ne plus me laisser avoir. Je sais que j'ai toujours une implication dans ce qu'il se passe. Je sais aussi faire la différence quand c'est ma faute et quand ça ne l'est pas. Quand un blocage émane de moi ou de l'extérieur. C'est le fait d'être ouverte à la vie qui en a changé bien des domaines. Les « échecs » m'ont permis de me forger un mental afin ne pas/plus être tirée vers le bas. Parfois, il se passe des choses qui me dépassent. J'ai cessé de me blâmer sur ce qui ne m'appartient pas. Cela me permet d'avoir des mots et des pensées plus positifs à mon égard. Même si parfois je doute ou hésite. Car quoi que je mette en place et fasse, il y a toujours l'appréhension de me prendre un mur !

- Tu vas être surprise !
- Par quoi ?
- Par une opportunité qui va se présenter à toi. Et surtout le fait que tu vas te surprendre toi-même !
- Mais encore ?
- Tu sais que rien n'est acquis.
- Oui.
- Le fait de le savoir, et de savoir aussi que sur ta route, il peut y avoir des difficultés, des obstacles, des dos d'ânes, des personnes louches, farfelues te

permettra d'avancer sur ton chemin parée à toutes les éventualités.

- Donc si une difficulté se présente je saurais rebondir ?
- Oui. Tu as cessé d'être dans l'imagination. Tu as cessé de te projeter car tu réalises qu'à chaque fois que tu t'es projetée, tu as plus préparé la chute que de te concentrer sur la réussite. Tu comprends comment tu fonctionnes et surtout ce qui te bloque.
- Ma réussite va me surprendre ?
- Oui car tu es parvenue à changer d'état d'esprit, à passer à autre chose, à te libérer des pertes du passé. Tu as la capacité de te motiver. Quand de vieilles pensées ressurgissent, tu es capable de « te faire redescendre » (eh là-haut, on se calme !). C'est ce qui est magique et impressionnant chez toi. Tu arrives à dépasser tes peurs. Tu fonctionnes et réfléchis comme personne. Tu ne te voiles pas la face. Tu es lucide voire extra-lucide. C'est ce qui fait que tu as une longueur d'avance. C'est une position où tu peux te retrouver très seule.
- Parfois je me dis que de manière inconsciente je fais peur.
- Pourquoi dis-tu cela ?
- Vue de l'extérieur, je peux donner l'impression que je ne sais pas ce que je fais ou dis. Ces personnes-là ne réalisent pas que j'ai déjà chuté, pris des murs, me suis retrouvée dans des situations complexes, ai

vécu beaucoup de choses difficiles. Aujourd'hui, j'écoute, j'observe, j'analyse et je sais alors si je reste sur ma lancée. Donc quand je décide de prendre un chemin c'est murement réfléchi. Ce que je veux voir se réaliser dans ma vie a beaucoup plus d'importance que les difficultés que je pourrais croiser en chemin.

- Oui tu pourras toujours croiser des difficultés mais ta sagesse et ton mental les balaieront sur ta route. Comme si tu savais par avance…

Chat alors – chat ch'est chûr – chat farte ? – char rime à rien – chat chuffit – chat va ? - ch'est comme chat – chat crebleu – chalut – chat cale – chat grain- chat lait – chat loupe – chat moi – chat mot – chat pot – chat pelle – chat pelure – chat pont – chat rue – chat sœur – chat thym...

Chat pitre 29
Faire une pause

- Tu n'es pas seulement celle qui tranche, qui décide, qui n'a pas peur de dire non, le côté « on y va, je dicte ma parole et je suis sûre de moi... ». Tu as aussi besoin de la vibration de la sensibilité, de l'accueil, de prendre soin de ton corps, de tes besoins, de faire confiance à tes intuitions, à tes émotions. D'être en reliance avec soi. Fais le grand saut ! Cela fait aussi partie de toi. Il est nécessaire de prendre soin de ta polarité féminine car elle est tout aussi importante que ta polarité masculine. Aujourd'hui ton féminin se demande à quel moment il va pouvoir s'exprimer.
- Oui mais c'est l'inconnu. C'est mettre à nu ma vulnérabilité.
- Descends en ton cœur. Tout se démultipliera et tu pourras irradier. Quand tu te seras unifiée sur tes 2 polarités, cela te permettra de prendre des décisions justes et éclairées. Stratégique et sans drame : le mental au service du cœur. Et tu jouiras de la vie et accepteras ton incarnation. Ton masculin sera juste et éclairé car il sera à l'écoute de ta féminine. Tu seras, par exemple, plus douce dans tes propos tout en étant ferme. Quand tu te montres telle que tu es, tu attires à toi beaucoup d'opportunités. Tu es quelqu'un d'admirable sur qui

on peut compter. Ton quotidien changera et même la façon dont les autres te percevront.

Chat pitre 30
Je peux empêcher les oiseaux de mauvais augures de faire leur nid dans mes cheveux !

- Parfois j'ai l'impression de me trimballer avec un gros nuage sur la tête. Comme si j'étais testée : pourquoi est-ce que je vis certaines situations et pourquoi est-ce que je rencontre certaines personnes ? Parfois c'est épuisant. J'ai besoin d'avancer et des obstacles se dressent devant moi. Je fais des pas en avant, je ne me laisse plus tomber ni ne m'abandonne et par moment je perds confiance car j'en arrive à me dire que s'il y a autant d'obstacles, de personnes « bizarres » sur mon chemin, c'est peut-être que je le mérite, que c'est mon karma.
- Peut-être qu'il y a de cela. Mais ce n'est pas ce qui t'empêche d'avancer, d'évoluer, de te retrouver là où tu veux être en vérité.
- Peut-être si cela ne se met pas en place, c'est que ce n'est pas bon, que j'ai un problème.
- Tu te tires beaucoup trop vers le bas ! Tu ne crois pas assez en toi ! Accorde de l'importance à tes rêves, à tes envies, à ce que tu veux voir se réaliser puisque, s'il est écrit que tu le mérites, c'est que tu le mérites. S'il est dit que les choses vont se manifester alors c'est que cela va se manifester.
- Qu'ai-je à comprendre alors ?

- Ce n'est pas pour rien que tu as certaines idées. Ce n'est pas pour rien que tu as certaines envies. Ce n'est pas pour rien que tu te construis d'une certaine manière. Ce n'est pas pour rien que tu as envie de mettre des projets en place. Quand les idées arrivent c'est que tu en es capable. Quand elles se manifestent, c'est que tu reçois de l'aide.
- Parfois c'est difficile de marcher seule, de garder la motivation, le but jour après jour. Certains matins je me lève hyper-motivée et, d'autres matins, quand tout à coup, j'ai cette impression d'un chemin semé d'embûches, je n'ai même pas envie d'ouvrir les yeux alors me lever...
- Ce que tu traverses en termes de difficultés n'est pas là pour t'affaiblir ni pour te faire croire ou entendre que tu n'en es pas capable. C'est là, tout simplement pour que tu puisses arrêter de regarder en arrière.
- De regarder en arrière ?
- Est-ce que tu réalises tout le chemin que tu as parcouru depuis tout ce temps où tu ne te croyais pas capable de, où tu n'avais pas confiance en toi, que les choses n'allaient pas avancer ? Comprends que le passé n'est plus. Tu ne peux plus le revivre puisque tu en as retiré les leçons. Aujourd'hui, tu avances, tu as évolué même si tu rencontres encore quelques aléas sur ton chemin. Sois en accord avec toi.

- Par moment j'ai juste besoin d'un coup de main, d'une personne qui m'encourage sur le chemin. J'ai juste envie de me retrouver face à des situations qui se débloquent du premier coup. Pas d'attendre 107 ans !
- Je comprends que le temps parfois peut te décourager. Que les obstacles en chemin peuvent te mettre dans des situations désagréables.
- J'ai été maintes fois déçue. J'ai rencontré des situations qui m'ont fait douter de moi. Alors, par moment, je me dis que marcher seule c'est mieux (même si ce n'est pas tous les jours évident). Et à d'autres, qu'être accompagnée pourrait être quelque chose de bien. Je n'arrive pas à m'ouvrir ni à me faire confiance de manière totale car il y a toujours un petit hic sur le chemin. Je ne dis pas que je suis une personne stressée de base mais j'aime quand tout roule dans ma vie. J'aime quand les choses se passent avec sérénité. J'aime me réveiller le matin « tranquille ». Je sais que j'arrive à une période décisive. Je sais qu'il est important de continuer à me faufiler entre les obstacles et parfois c'est fatiguant. J'ai besoin de relâcher la pression, de voir les choses changer mais je ne sais avec qui en parler. A qui puis-je faire confiance ?
- En te mettant en retrait, tu t'enlèves ta joie de vivre. Ce petit quelque chose qui fait de toi un être à part, ne l'éteint pas. Ce serait bien que tu arrives à faire face. Oui c'est difficile de se retrouver confronter à

des situations compliquées mais si tu restes dans cet état d'esprit, quand ce sera le moment de célébrer une réussite, tu n'y parviendras peut-être pas car cela te prendra au dépourvu. Comprends que plus tu arrives à gérer les blocages, les doutes, les obstacles et les hésitations, plus tu auras de facilité à profiter des portes qui s'ouvrent pour toi. Laisse de côté tout le reste. Oublie. Pour certaines personnes, tu es déstabilisante parce qu'elles n'arrivent pas à te suivre, parce qu'elles réalisent que ce que tu dis est vrai. Et elles le voient, le ressentent. Quelques-unes d'entre elles oseront l'avouer et d'autres non. D'autres vont se présenter à toi car tu as quelque chose de magnétique et qu'elles veulent te connaître. Ne t'arrête pas à ça. Ne t'empêche pas d'avancer juste pour ça. Quand la route va tourner, tu verras toutes les personnes qui n'ont pas été là quand tu en avais besoin adopter un autre comportement à ton égard. Des personnes qui n'ont pas voulu te soutenir, te tendre la main ou tout simplement avancer avec toi. Elles vont réaliser que tu as changé, évolué, que tu ne t'es pas laissé abattre. Elles vont se sentir idiotes (pour rester polie). Parfois les gens disent ou font des choses et ne réalisent pas ce que cela peut engendrer chez l'autre. Et toi, au lieu de te décourager, cela crée encore plus de motivation, de détermination. Et c'est là où la vie veut t'emmener : avant tu avais de la difficulté à gérer tes émotions, à croire en toi, aujourd'hui regarde tout ce que tu as parcouru et surtout, quand la porte va s'ouvrir, tu sauras qui est apte à manger à ta table et qui n'est pas apte à s'asseoir à tes côtés. Garde ça en tête.

Chat pitre 31
A partir du cœur

- C'est parfois difficile de comprendre ce qu'est l'amour au-delà de ce que le mental en fait.
- Oui surtout que ton cœur s'est fermé à l'amour après tous les désagréments que tu as traversés. Depuis, tu as fait beaucoup de chemin. Là tu es à un tournant.
- J'ai souvent confondu amour et bouleversements émotionnels.
- Tu as fait un grand pas. Là tu embarques pour un voyage vers l'inconnu.
- Un voyage vers l'inconnu… ? Et pourquoi pas moi après tout ? Allez, chiche !!
- Attendris-toi ! Sois douce avec toi ! Roule-toi dans le rose, le doux, le sucré et pourquoi pas le côté un peu « cucu la praline »… cela va faire fondre ton égo qui t'en a fait voir de toutes les couleurs. Tu sais le « je suis dure et même pas mal » !
- Tu es sûre que je peux y aller vers l'inconnu ?
- Ouiiiiiiiiiiiiiiiii. Laisse-toi guider. L'amour ce n'est pas être faible, l'amour ce n'est pas être en danger, l'amour ce n'est pas être fragile, l'amour ce n'est pas se faire planter des couteaux dans le dos. Ca c'est une illusion du mental qui n'envisage l'avenir que par ce qu'il a vécu dans le passé. Comme tu as un cœur gros comme ça, dès qu'il a envie de s'ouvrir, l'égo débarque et lui dit : « Eh ! Tu te souviens ce

qu'il t'est arrivé ? ». Laisse ton cœur te guider. Ta véritable nature n'est pas d'être un égo. Ta véritable nature n'est pas de vivre dans le passé, de t'accrocher à d'anciens schémas. Ta véritable nature c'est d'être un cœur et une âme reconnectés. Reprends ton pouvoir et vas de l'avant. Alors, quelqu'un pendra ta main et t'accompagnera vers cette réunification à l'intérieur de toi de toutes tes contradictions (conflits, prises de tête, injonctions). Dans ton enfance, tu as été assaillie de toute part. Cela a développé ce côté « dur » chez toi. A présent, tu arrives à te dire : « Je vais suivre mon instinct et laisser mon cœur me guider vers ma véritable nature ». Tu répares ta vision du masculin : bon, bienveillant, structuré, qui avance, qui construit dans la vie, dans le rire et dans l'amour. C'est compatible. Tu arrives à cette compréhension. Et tu ouvres les yeux sur les illusions, les croyances qui ne sont pas fondées. Arrête de te bloquer avec le mental.

- Donc la meilleure version de moi est : pourvoir pour les autres, m'apporter de l'amour, me recharger sur le plan énergétique, ne plus me prendre la tête avec le mental, cesser de cogiter, de m'épuiser, d'avoir des conflits intérieurs. Prendre la direction de l'amour et créer mon empire à partir et dans mon cœur. Être ferme : prendre des décisions et m'y tenir. Affirmer mes croyances devant les autres. Identifier mes émotions, les gérer et mettre ma sensibilité au service de ma vie.

- Oui trouve d'abord ton équilibre émotionnel. Gère ton mental et laisse-toi aller dans le cœur et les sentiments.

Chat pitre 32
Que c'est beau la vie !

- En ce moment, j'avance sur une route où il est très agréable de marcher. Je suis connectée avec moi et aussi avec tout ce qu'il se passe autour de moi.
- Tu es beaucoup dans l'observation.
- Oui mais c'est plus que ça. Je remets entre les mains de l'Univers tout ce que je ne peux gérer. J'ai décidé de ne pas me rajouter de charges sur les épaules. J'arrive avec une facilité déconcertante à laisser de côté ce qui n'est pas moi et ce qui n'est pas pour moi. Je sais où je vais donc il est plus facile d'avancer. Plus je me sens légère et plus je réalise qu'il n'y a pas d'obstacles. Je gère ce que je ressens à l'intérieur de moi et quand je n'y arrive plus, je laisse la gestion à l'Univers. Je prends plaisir à avancer. A me réveiller le matin. Et je me surprends à me dire : « J'ai hâte de voir ce qu'il va se manifester aujourd'hui ! »
- C'est cette énergie dans laquelle tu te trouves qui te permet d'avancer avec facilité. Comment pourrait-il en être autrement ? Tu es en gratitude constante.
- Oui, tout ce que je demande est d'avancer avec facilité entourée des bonnes personnes.
- J'ignore si cela se produira. Juste te dire que tu esquives, contournes les obstacles d'une main de maître à présent. T'en rends-tu compte ? Quand tu

sens que ce n'est pas pour toi, tu laisses de côté et tu continues ta route. Tu as tant épuré.

- Oui les peurs, le manque de volonté des autres, la façon dont ils me voient, tout cela leur appartient. Comme je sais où je vais, je me détache de l'avis et de la vie des gens. C'est de tout cela dont je m'allège.

- C'est une grande libération. Tu as compris comment tu peux te faciliter la tâche et ne pas trop forcer sur ton chemin. Plus tu es connectée à toi, plus tu te rapproches de ta propre vérité. Tu verras que la route est beaucoup plus facile à parcourir et que tout ce que tu désires a toujours été là à porter de main.

- J'ai passé trop de temps à douter, à me poser des questions. Maintenant les questions sont tournées vers moi. L'Univers n'a jamais été contre moi.

- Tu es une artiste de la vie.

- Oh ! Merci ! Je réalise que j'ai de bonnes intuitions, que je me suis parfois empêchée d'aller dans une direction et d'y croire, par manque de confiance, par peur à l'idée d'explorer ce qu'il se passe à l'intérieur de moi.

- Tu as fait un gros nettoyage. Et ce nettoyage te permet de t'ouvrir.

- Tout devient de plus en plus clair au fur et à mesure que je me détache des croyances des autres. Je comprends ce qui m'a ralentie sur mon chemin. Toutes ces petites choses mises bout à bout me permettent de connaitre une vraie amélioration, une vraie évolution.

- Tu vois, quand tu te concentres sur ton propre bien-être, sur ta propre personne, les choses bougent.
- Je me suis beaucoup laissée de côté. Je n'osais pas mettre des choses en place pour me faire plaisir ou juste pour moi. Sortir de ma solitude me permet de rencontrer d'autres personnes. Et de rencontrer d'autres personnes me fait prendre conscience que j'aurais pu le faire un peu plus tôt... je réalise que je suis libre et que d'autres sont enchainés dans leur tête.
- Tu as un esprit libre. Tu as toujours eu une façon différente d'avancer. Oui cette différence t'a parfois ralentie en raison de tous les carcans sociétaux.
- Oui. Au départ, je n'avais pas peur. Et à trop écouter l'extérieur, cela m'a ralentie voire stoppée parfois. Maintenant j'ai compris ce qui me bloquait, alors je peux te garantir que tout va aller très vite.
- Le désert était dans ta tête ! Tu le sais : là où va la pensée, va l'énergie. Encore une fois : tout était déjà là. Tu ne savais pas comment faire pour y accéder. Tu ouvres les yeux car tu as décidé de te détacher des peurs des autres. Tu changes ta façon de voir la vie et ça c'est génial !

Chat pitre 33
Amen

« Tu ne le sais peut-être pas mais tes ancêtres sont là. Dans une de tes lignées, il y a eu une personne de confiance, une personne avec une grande sagesse qui t'accompagne sur ce chemin. Tu ne l'as pas connu mais cet ancêtre est avec toi. Il t'accompagne tel une mère qui accueille à bras ouverts son enfant. Tu as un bagage, un héritage qui va te permettre d'aller dans le confort et la douceur. Il est nécessaire d'aller sur ce chemin qu'il te propose. Il est nécessaire que tu t'autorises à aller vers plus de douceur afin d'aller encore plus dans le confort. C'est ce à quoi tu es destinée. Le confort peut être mental, amical, matériel, physique. Dans ta lignée il y a eu de la souffrance humaine que tu portes en toi et que tu as besoin de purger. Il te le demande. Il est nécessaire de te nettoyer car tu portes beaucoup de choses. Tu as au fond de toi, une terre d'or. Cette terre dorée est si précieuse ! Tout ceci a besoin de se révéler afin que tu puisses recevoir les messages de cet ancêtre qui souhaite te léguer toute sa sagesse et ce savoir ancestral. Ce savoir ancestral te permettra de t'envoler, de te libérer de ce poids transgénérationnel. C'est pour cela que tu as beaucoup d'énergie, c'est pour cela que tu as une telle vitalité, un feu intérieur et de cela tu n'en as pas forcément conscience. Tu peux être reine, tu peux vibrer avec cette vitalité que tes ancêtres t'offrent. Tu as en toi beaucoup de ressources, de force. Sois-en consciente. Il t'offre ces savoirs ancestraux pour que tu puisses récupérer ton autorité ici-bas et que tu puisses œuvrer et apporter de la lumière, de l'apaisement grâce à ta profonde sagesse car tu es une mère nourricière. Tu as un don pour cela. Prends conscience de ce don. Sois dans la gratitude, l'ouverture, l'accueil. Tu as en toi la possibilité de réunir tes polarités féminine et masculine. Rassemble toutes tes forces. Tu as un cœur cosmique, divin. Tu es portée par tes ancêtres et par le cosmos entier car tu as un cœur pur. Nettoie, purge, transmute et sois. Tu as le soutien de tous tes ancêtres. Offre-toi la chance d'aller dans tes propres aspirations, ta propre lumière. Fais la paix avec qui tu es, avec tes propres racines et ils te le rendront au centuple. Ne les oublie pas. Prie pour tes ancêtres afin de te connecter à eux jour après jour. »

Chat pitre final

« Tel un chat, tu guettes en attendant le bon moment pour saisir les opportunités qui se présentent à toi. Ton potentiel créatif est bien présent en toi et tu le manifestes tous les jours. Tu as dédié ta vie à servir de belles pensées, de belles idées. Tu es douce. C'est en toi. Tu as de l'amour et de la bienveillance pour toi et les autres. Tu es guérisseuse : tu apaises et calmes. Tu es à l'affut de tes ressentis. Tu t'émerveilles, tu aimes la vie, tu aimes être surprise de ce que la vie t'offre, comme une innocence enfantine, au sens pur du terme. Tu t'interroges beaucoup sur le sens de la vie. Tu es émotive, ta grande sensibilité est reliée aux cycles de la Lune. Tu t'écoutes avec respect de qui tu es. Tu fais de ton mieux pour les autres. Pendant une grande partie de ta vie tu as œuvré dans l'invisible. Tout ce que tu as à l'intérieur de toi, offre-le au monde à présent. Tu as un tel potentiel de vie. Tu es une merveille. Les circonstances sont idéales pour montrer ta belle lumière intérieure. C'est l'opportunité. Tu peux l'exprimer de manière libre. Et même si tu ignores jusqu'où cela va t'emmener, accueille. Tu as dû, par le passé t'endurcir pour faire face à des situations qui étaient à contrecourant de ce que tu es à l'intérieur. Tout ceci est fini et transmuté. Vis ta vie telle que tu la ressens à l'intérieur de toi. N'ai plus peur de ce qui est violent, dur, conflictuel car ce type de situations ne se représentera pas. Et même si certaines situations te rappellent ton passé, tu as appris à faire face à tout cela. Tu as appris à écouter tes ressentis, ton cœur. Ce que tu as à dire est important. Ce que tu as à dire compte. Même si on t'a fait croire le contraire pendant des années. Sois libre de t'exprimer telle que tu es. Sors des sentiers battus.

L'Univers va faire appel à tout ce que je viens de te dire. Tu es prête. »

Ce fut notre dernier échange. Mallow est partie le 24 septembre 2022. Elle est sortie comme chaque soir pour ne jamais revenir sur le plan physique. Je ne l'ai pas cherchée. Je n'étais pas inquiète. Je savais qu'elle ne reviendrait pas. J'ai attendu 10 jours avant d'enlever ses gamelles. Le plus dur a été la litière car il y avait deux pipis. Je n'ai conservé que sa gamelle et une balle. Et ce que je n'ai pas encore réussi à faire, c'est de laver un rideau sur lequel elle dormait. Il y a des poils dessus...

Mallow est venue me voir pour m'annoncer son décès. Elle m'a rendu visite à plusieurs reprises dont deux fois au cours de balades où elle m'a consolée de pleurer son absence. Ces deux fois-là elle est apparue en panthère noire (elle sait que c'est mon félin préféré). Nous avons marché ensemble. Nous communiquons par télépathie. Et elle a ronronné dans le mur à côté de mon lit durant l'été 2023. J'ai enregistré ses ronrons.

Au moment où j'écris ces mots, 13 mois se sont écoulés depuis ton départ pour l'autre monde. Aucun autre chat n'est arrivé dans ma vie. Je ne suis pas prête. Tu es encore très présente. Je t'aime ma Louloute. Tu me manques tant… Merci pour tout ce que nous avons vécu. Merci pour ton amour inconditionnel. Merci. Moi, l'humaine, je rends grâce à tant d'intelligence et je m'incline devant tant de beauté. Au bonheur de te revoir. A bientôt, de l'autre côté…

« Oh ?! C'est déjà fini… je ne sais pas pour vous mais moi je suis épuisée. Je vais faire une petite sieste d'un jour ou deux… » (Waze)

La table des chats pitres